心一堂術數古籍珍本叢刊

書名：地理元合會通二種（上）
系列：心一堂術數古籍珍本叢刊　堪輿類　第二輯　223
作者：【清】姚炳奎
主編、責任編輯：陳劍聰
心一堂術數古籍珍本叢刊編校小組：陳劍聰　素聞　鄒偉才　虛白盧主

出版：心一堂有限公司
通訊地址：香港九龍旺角彌敦道六一〇號荷李活商業中心十八樓〇五—〇六室
深港讀者服務中心・中國深圳市羅湖區立新路六號羅湖商業大廈負一層〇〇八室
電話號碼：(852)67150840
網址：publish.sunyata.cc
電郵：sunyatabook@gmail.com
網店：http://book.sunyata.cc
淘寶店地址：https://shop210782774.taobao.com
微店地址：https://weidian.com/s/1212826297
臉書：https://www.facebook.com/sunyatabook
讀者論壇：http://bbs.sunyata.cc/

版次：二零一八年十一月初版
平裝：兩冊不分售

定價：港幣　六百八十元正
　　　新台幣　兩千六百八十元正

國際書號：ISBN 978-988-8582-08-2

香港發行：香港聯合書刊物流有限公司
地址：香港新界大埔汀麗路36號中華商務印刷大廈3樓
電話號碼：(852)2150-2100
傳真號碼：(852)2407-3062
電郵：info@suplogistics.com.hk

台灣發行：秀威資訊科技股份有限公司
地址：台灣台北市內湖區瑞光路七十六巷六十五號一樓
電話號碼：+886-2-2796-3638
傳真號碼：+886-2-2796-1377
網絡書店：www.bodbooks.com.tw
台灣國家書店讀者服務中心：
地址：台灣台北市中山區松江路二〇九號一樓
電話號碼：+886-2-2518-0207
傳真號碼：+886-2-2518-0778
網絡書店：http://www.govbooks.com.tw

中國大陸發行　零售：深圳心一堂文化傳播有限公司
深圳地址：深圳市羅湖區立新路六號羅湖商業大廈負一層〇〇八室
電話號碼：(86)0755-82224934

心一堂微店二維碼

心一堂淘寶店二維碼

心一堂術數古籍 珍本 整理 叢刊 總序

術數定義

術數，大概可謂以「推算（推演）、預測人（個人、群體、國家等）、事、物、自然現象、時間、空間方位等規律及氣數，並或通過種種『方術』，從而達致趨吉避凶或某種特定目的」之知識體系和方法。

術數類別

我國術數的內容類別，歷代不盡相同，例如《漢書·藝文志》中載，漢代術數有六類：天文、曆譜、五行、蓍龜、雜占、形法。至清代《四庫全書》，術數類則有：數學、占候、相宅相墓、占卜、命書、相書、陰陽五行、雜技術等，其他如《後漢書·方術部》、《藝文類聚·方術部》、《太平御覽·方術部》等，對於術數的分類，皆有差異。古代多把天文、曆譜、及部分數學均歸入術數類，而民間流行亦視傳統醫學作為術數的一環；此外，有些術數與宗教中的方術亦往往難以分開。現代民間則常將各種術數歸納為五大類別：命、卜、相、醫、山，通稱「五術」。

本叢刊在《四庫全書》的分類基礎上，將術數分為九大類別：占筮、星命、相術、堪輿、選擇、三式、讖諱、理數（陰陽五行）、雜術（其他）。而未收天文、曆譜、算術、宗教方術、醫學。

術數思想與發展——從術到學，乃至合道

我國術數是由上古的占星、卜筮、形法等術發展下來的。其中卜筮之術，是歷經夏商周三代而通過「龜卜、蓍筮」得出卜（筮）辭的一種預測（吉凶成敗）術，之後歸納並結集成書，此即現傳之《易

經》。經過春秋戰國至秦漢之際，受到當時諸子百家的影響、儒家的推崇，遂有《易傳》等的出現，原本是卜筮術書的《易經》，被提升及解讀成有包涵「天地之道（理）」之學。因此，《易·繫辭傳》曰：「易與天地準，故能彌綸天地之道。」

漢代以後，易學中的陰陽學說，與五行、九宮、干支、氣運、災變、律曆、卦氣、讖緯、天人感應說等相結合，形成易學中象數系統。而其他原與《易經》本來沒有關係的術數，如占星、形法、選擇，亦漸漸以易理（象數學說）為依歸。《四庫全書·易類小序》云：「術數之興，多在秦漢以後。要其旨，不出乎陰陽五行，生尅制化。實皆《易》之支派，傳以雜說耳。」至此，術數可謂已由「術」發展成「學」。

及至宋代，術數理論與理學中的河圖洛書、太極圖、邵雍先天之學及皇極經世等學說給合，通過術數以演繹理學中「天地中有一太極，萬物中各有一太極」（《朱子語類》）的思想。術數理論不單已發展至十分成熟，而且也從其學理中衍生一些新的方法或理論，如《梅花易數》、《河洛理數》等。

在傳統上，術數功能往往不止於僅僅作為趨吉避凶的方術，及「能彌綸天地之道」的學問，亦有其「修心養性」的功能，「與道合一」（修道）的內涵。《素問·上古天真論》：「上古之人，其知道者，法於陰陽，和於術數。」數之意義，不單是外在的算數、歷數、氣數，而是與理學中同等的「道」、「理」--心性的功能，北宋理氣家邵雍對此多有發揮：「聖人之心，是亦數也」、「萬化萬事生乎心」、「心為太極」。《觀物外篇》：「先天之學，心法也。……蓋天地萬物之理，盡在其中矣，心一而不分，則能應萬物。」反過來說，宋代的術數理論，受到當時理學、佛道及宋易影響，認為心性本質上是等同天地之太極。天地萬物氣數規律，能通過內觀自心而有所感知，即是內心也已具備有術數的推演及預測、感知能力；相傳是邵雍所創之《梅花易數》，便是在這樣的背景下誕生。

《易·文言傳》已有「積善之家，必有餘慶；積不善之家，必有餘殃」之說，至漢代流行的災變說及讖緯說，我國數千年來都認為天災，異常天象（自然現象），皆與一國或一地的施政者失德有關；下至家族、個人之盛衰，也都與一族一人之德行修養有關。因此，我國術數中除了吉凶盛衰理數之外，人心的德行修養，也是趨吉避凶的一個關鍵因素。

術數與宗教、修道

在這種思想之下，我國術數不單只是附屬於巫術或宗教行為的方術，又往往是一種宗教的修煉手段--通過術數，以知陰陽，乃至合陰陽（道）。「其知道者，法於陰陽，和於術數。」例如，「奇門遁甲」術中，即分為「術奇門」與「法奇門」兩大類。「法奇門」中有大量道教中符籙、手印、存想、內煉的內容，是道教內丹外法的一種重要外法修煉體系。甚至在雷法一系的修煉上，亦大量應用了術數內容。此外，相術、堪輿術中也有修煉望氣（氣的形狀、顏色）的方法；堪輿家除了選擇陰陽宅之吉凶外，也有道教中選擇適合修道環境（法、財、侶、地中的地）的方法，以至通過堪輿術觀察天地山川陰陽之氣，亦成為領悟陰陽金丹大道的一途。

易學體系以外的術數與的少數民族的術數

我國術數中，也有不用或不全用易理作為其理論依據的，如揚雄的《太玄》、司馬光的《潛虛》。也有一些占卜法、雜術不屬於《易經》系統，不過對後世影響較少而已。

外來宗教及少數民族中也有不少雖受漢文化影響（如陰陽、五行、二十八宿等學說。）但仍自成系統的術數，如古代的西夏、突厥、吐魯番等占卜及星占術，藏族中有多種藏傳佛教占卜術、苯教占卜術、擇吉術、推命術、相術等；北方少數民族有薩滿教占卜術；不少少數民族如水族、白族、布朗族、佤族、彝族、苗族等，皆有占雞（卦）草卜、雞蛋卜等術，納西族的占星術、占卜術，彝族畢摩的推命術、占卜術……等等，都是屬於《易經》體系以外的術數。相對上，外國傳入的術數以及其理論，對我國術數影響更大。

曆法、推步術與外來術數的影響

我國的術數與曆法的關係非常緊密。早期的術數中，很多是利用星宿或星宿組合的位置（如某星在某州或某宮某度）付予某種吉凶意義，并據之以推演，例如歲星（木星）、月將（某月太陽所躔之宮次）等。不過，由於不同的古代曆法推步的誤差及歲差的問題，若干年後，其術數所用之星辰的位置，已與真實星辰的位置不一樣了；此如歲星（木星），早期的曆法及術數以十二年為一周期（以應地支），與木星真實周期十一點八六年，每幾十年便錯一宮。後來術家又設一「太歲」的假想星體來解決，是歲星運行的相反，週期亦剛好是十二年。而術數中的神煞，很多即是根據太歲的位置而定。又如六壬術中的「月將」，原是立春節氣後太陽躔娵訾之次而稱作「登明亥將」，至宋代，因歲差的關係，要到雨水節氣後太陽才躔娵訾之次，當時沈括提出了修正，但明清時六壬術中「月將」仍然沿用宋代沈括修正的起法沒有再修正。

由於以真實星象周期的推步術是非常繁複，而且古代星象推步術本身亦有不少誤差，大多數術數除依曆書保留了太陽（節氣）、太陰（月相）的簡單宮次計算外，漸漸形成根據干支、日月等的各自起例，以起出其他具有不同含義的眾多假想星象及神煞系統。唐宋以後，我國絕大部分術數都主要沿用這一系統，也出現了不少完全脫離真實星象的術數，如《子平術》、《紫微斗數》、《鐵版神數》等。後來就連一些利用真實星辰位置的術數，如《七政四餘術》及選擇法中的《天星選擇》，也已與假想星象及神煞混合而使用了。

隨着古代外國曆（推步）、術數的傳入，如唐代傳入的印度曆法及術數，元代傳入的回回曆等，其中我國占星術便吸收了印度占星術中羅睺星、計都星等而形成四餘星，又通過阿拉伯占星術而吸收了其中來自希臘、巴比倫占星術的黃道十二宮、四大（四元素）學說（地、水、火、風），並與我國傳統的二十八宿、五行說、神煞系統並存而形成《七政四餘術》。此外，一些術數中的北斗星名，不用我國傳統的星名：天樞、天璇、天璣、天權、玉衡、開陽、搖光，而是使用來自印度梵文所譯的：貪狼、巨門、祿存、文曲，廉貞、武曲、破軍等，此明顯是受到唐代從印度傳入的曆法及占星術所影響。如星命術中的《紫微斗數》及堪輿術中的《撼龍經》等文獻中，其星皆用印度譯名。及至清初《時憲曆》，置閏之法則改用西法「定氣」。清代以後的術數，又作過不少的調整。

此外，我國相術中的面相術、手相術，唐宋之際受印度相術影響頗大，至民國初年，又通過翻譯歐西、日本的相術書籍而大量吸收歐西相術的內容，形成了現代我國坊間流行的新式相術。

陰陽學——術數在古代、官方管理及外國的影響

術數在古代社會中一直扮演着一個非常重要的角色，影響層面不單只是某一階層、某一職業、某一年齡的人，而是上自帝王，下至普通百姓，從出生到死亡，不論是生活上的小事如洗髮、出行等，大事如建房、入伙、出兵等，從個人、家族以至國家，從天文、氣象、地理到人事、軍事，從民俗、學術到宗教，都離不開術數的應用。我國最晚在唐代開始，已把以上術數之學，稱作陰陽（學），行術數者稱陰陽人。（敦煌文書、斯四三二七唐《師師漫語話》：「以下說陰陽人謾語話」，此說法後來傳入日本，今日本人稱行術數者為「陰陽師」）。一直到了清末，欽天監中負責陰陽術數的官員中，以及民間術數之士，仍名陰陽生。

古代政府的中欽天監（司天監），除了負責天文、曆法、輿地之外，亦精通其他如星占、選擇、堪輿等術數，除在皇室人員及朝庭中應用外，也定期頒行日書、修定術數，使民間對於天文、日曆用事吉凶及使用其他術數時，有所依從。

我國古代政府對官方及民間陰陽學及陰陽官員，從其內容、人員的選拔、培訓、認證、考核、律法監管等，都有制度。至明清兩代，其制度更為完善、嚴格。

宋代官學之中，課程中已有陰陽學及其考試的內容。（宋徽宗崇寧三年〔一一零四年〕崇寧算學令：「諸學生習……並曆算、三式、天文書。」「諸試……三式即射覆及預占三日陰陽風雨。天文即預

定一月或一季分野災祥，並以依經備草合問為通。」

金代司天臺，從民間「草澤人」（即民間習術數人士）考試選拔：「其試之制，以《宣明曆》試推步，及《婚書》、《地理新書》試合婚、安葬，並《易》筮法，六壬課、三命、五星之術。」（《金史》卷五十一・志第三十二・選舉一）

元代為進一步加強官方陰陽學對民間的影響、管理、控制及培育，除沿襲宋代、金代在司天監掌管陰陽學及中央的官學陰陽學課程之外，更在地方上增設陰陽學課程（《元史・選舉志一》：「世祖至元二十八年夏六月始置諸路陰陽學。」）地方上也設陰陽學教授員，培育及管轄地方陰陽人。（《元史・選舉志一》：「（元仁宗）延祐初，令陰陽人依儒醫例，於路、府、州設教授員，凡陰陽人皆管轄之，而上屬於太史焉。」）自此，民間的陰陽術士（陰陽人），被納入官方的管轄之下。

至明清兩代，陰陽學制度更為完善。中央欽天監掌管陰陽學，明代地方縣設陰陽學正術，各州設陰陽學典術，各縣設陰陽學訓術。陰陽人從地方陰陽學肄業或被選拔出來後，再送到欽天監考試。（《大明會典》卷二二三：「凡天下府州縣舉到陰陽人堪任正術等官者，俱從吏部送（欽天監），考中，送回選用；不中者發回原籍為民，原保官吏治罪。」）清代大致沿用明制，凡陰陽術數之流，悉歸中央欽天監及地方陰陽官員管理、培訓、認證。至今尚有「紹興府陰陽印」、「東光縣陰陽學記」等明代銅印，及某某縣某某之清代陰陽執照等傳世。

清代欽天監漏刻科對官員要求甚為嚴格。《大清會典》「國子監」規定：「凡算學之教，設肄業生。滿洲十有二人，蒙古、漢軍各六人，於各旗官學內考取。漢十有二人，於舉人、貢監生童內考取。附學生二十四人，由欽天監選送。教以天文演算法諸書，五年學業有成，舉人引見以欽天監博士用，貢監生童以天文生補用。」學生在官學肄業、貢監生肄業或考得舉人後，經過了五年對天文、算法、陰陽學的學習，其中精通陰陽術數者，會送往漏刻科。而在欽天監供職的官員，《大清會典則例》「欽天監」規定：「本監官生三年考核一次，術業精通者，保題升用。不及者，停其升轉，再加學習。如能黽勉供職，即予開復。仍不及者，降職一等，再令學習三年，能習熟者，准予開復，仍不能者，黜退。」除定期考核以定其升用降職外，《大清律例》中對陰陽術士不準確的推斷（妄言禍福）是要治罪的。《大清律例・一七八・術七・妄言禍福》：「凡陰陽術士，不許於大小文武官員之家妄言禍福，違者杖一百。其依經推算星命卜課，不在禁限。」大小文武官員延請的陰陽術士，自然是以欽天監漏刻科官員或地方陰陽官員為主。

官方陰陽學制度也影響鄰國如朝鮮、日本、越南等地，一直到了民國時期，鄰國仍然沿用着我國的多種術數。而我國的漢族術數，在古代甚至影響遍及西夏、突厥、吐蕃、阿拉伯、印度、東南亞諸國。

術數研究

術數在我國古代社會雖然影響深遠，「是傳統中國理念中的一門科學，從傳統的陰陽、五行、九宮、八卦、河圖、洛書等觀念作大自然的研究。……傳統中國的天文學、數學、煉丹術等，要到上世紀中葉始受世界學者肯定。可是，術數還未受到應得的注意。術數在傳統中國科技史、思想史，文化史、社會史，甚至軍事史都有一定的影響。……更進一步了解術數，我們將更能了解中國歷史的全貌。」（何丙郁《術數、天文與醫學中國科技史的新視野》，香港城市大學中國文化中心。）

可是術數至今一直不受正統學界所重視，加上術家藏秘自珍，又揚言天機不可洩漏，「（術數）乃吾國科學與哲學融貫而成一種學說，數千年來傳衍嬗變，或隱或現，全賴一二有心人為之繼續維繫，賴以不絕，其中確有學術上研究之價值，非徒癡人說夢，荒誕不經之謂也。其所以至今不能在科學中成立一種地位者，實有數因。蓋古代士大夫階級目醫卜星相為九流之學，多恥道之；而發明諸大師又故為惝恍迷離之辭，以待後人探索；間有一二賢者有所發明，亦秘莫如深，既恐洩天地之秘，復恐譏為旁門左道，始終不肯公開研究，成立一有系統說明之書籍，貽之後世。故居今日而欲研究此種學術，實一極困難之事。」（民國徐樂吾《子平真詮評註》，方重審序）

現存的術數古籍，除極少數是唐、宋、元的版本外，絕大多數是明、清兩代的版本。其內容也主要是明、清兩代流行的術數，唐宋或以前的術數及其書籍，大部分均已失傳，只能從史料記載、出土文獻、敦煌遺書中稍窺一鱗半爪。

術數版本

坊間術數古籍版本，大多是晚清書坊之翻刻本及民國書賈之重排本，其中豕亥魚魯，或任意增删，往往文意全非，以至不能卒讀。現今不論是術數愛好者，還是民俗、史學、社會、文化、版本等學術研究者，要想得一常見術數書籍的善本、原版，已經非常困難，更遑論如稿本、鈔本、孤本等珍稀版本。在文獻不足及缺乏善本的情況下，要想對術數的源流、理法、及其影響，作全面深入的研究，幾不可能。

有見及此，本叢刊編校小組經多年努力及多方協助，在海內外搜羅了二十世紀六十年代以前漢文為主的術數類善本、珍本、鈔本、孤本、稿本、批校本等數百種，精選出其中最佳版本，分別輯入兩個系列：

一、心一堂術數古籍珍本叢刊

二、心一堂術數古籍整理叢刊

前者以最新數碼（數位）技術清理、修復珍本原本的版面，更正明顯的錯訛，部分善本更以原色彩色精印，務求更勝原本。并以每百多種珍本、一百二十冊為一輯，分輯出版，以饗讀者。

後者延請、稿約有關專家、學者，以善本、珍本等作底本，參以其他版本，古籍進行審定、校勘、注釋，務求打造一最善版本，方便現代人閱讀、理解、研究等之用。

限於編校小組的水平，版本選擇及考證、文字修正、提要內容等方面，恐有疏漏及舛誤之處，懇請方家不吝指正。

心一堂術數古籍 珍本 整理 叢刊編校小組

二零零九年七月序

二零一四年九月第三次修訂

地理元合會通

同治辛未秋日

錄八卷

郭崑燾署首

敘

郭宏農謂葬者乘生氣也然地無氣以天之氣爲氣而理即傳于其中天下止一理即止一氣人得而稟之而集之而養之遂爲聖賢爲忠義而地之凝聚此氣者於以毓秀而鍾靈天地人本自相通者也古之習聖學者無不洞其閫奧自秦漢以後始流爲陰陽一家言儒者或鄙而不屑然而推究其原即上律天時下襲水土之所見端也第爲下士所託紛紛橫議乃成俗術耳予自幼嗜山水若有夙契于其間童而習之迄今皓首頗得一斑因見坊間所市

有所謂三合三元者入主出奴莫衷厥是乃不揣固陋發其蒙破其守逐一分注名曰會通錄俾學者一見了然得知三才一理於格致誠正之功未必無小補昔人云即花葉以求春春不可見舍花葉以求春春更杳然是錄也談理氣者之所會歸也謂地道即在是耶而亦何嘗不在是三十六宮都是春可于此中求之

同治十年辛未清明日

益陽姚諄敎炳奎識

褚先生補史記言占家有五行堪輿叢辰建除天文太一各据所學爲吉凶而漢書藝文志堪輿金匱入之五行宮宅地形入之形法實爲後世言理氣形勝之祖班氏之言曰形與氣相首尾亦有有其氣而無其形有其形而無其氣此精微之獨異也晉以後葬書無以逾此然陰陽五行之書類次數十家而後無傳者豈其學不逮楊曾之流耶其時人事勝而假吉凶爲小數世猶不甚貴之自青囊都天玉尺之書出術家衍而傳之其辭迷離惝怳伏而不宣而其術或小驗於是倚託坿會爭鳴於時壞大以爲小節

遠以爲近而堪輿之書持一說以求勝至繁而不可紀凡論天地之氣融而爲山川結而爲土石迨其形既成而氣之鼓盪其中者相依而不能舍如帷燈然東西南北見之者知其燈也而在東者曰是不宜西在西者曰是不宜東所言皆有見也而紛紜之說以生各守其師說據以爲見則術益析而言益歧吾友姚觙丞習於其術乃益取諸家之言所以損益異同指陳其事例而推竟其源流命曰元合會通元者縱合者橫其說各有所勝扞格不相入而要之歸本五行故曰五行爲主人取諸五行者也觙丞會而

通之通其所以爲異同者則其相敵也而皆可收之以爲
輔而諸家之言迷離惝怳相與守之爲要祕舸丞一一爲
之發其覆而抉其藩舸丞得是書行之不言堪輿可也讀
舸丞是書又更以其堪天而輿地者會通是書之中其庶
幾有所得矣乎時同治九年歲次庚午長至日

賜進士出身
誥授榮祿大夫　賞戴花翎二品頂戴前任江蘇蘇松常
鎮太糧儲道署廣東巡撫部院　國史館總纂　上書房
行走翰林院編修掌教城南書院愚弟郭嵩燾撰

渟峙之樂智仁共承吾嘗歷閩粤跨秦隴試灝灑洶濤之雄躡崒嵂嶔崎之險衣振級螺纓濯壑蛟玉折不際碧環無旣則欲探天根抉地肺破亭毒窺窔之崎淺山根鬱律之趣御風行遠襆被何從乃歎蒼鬱之靈難盡胎息之奧終秘固智膠而理軏矣姚君明經舸丞幼共經史獨闢經緯之竅長闊山川遂罷參商之星鴻暌十秋雅負同志燕譚一夕復客三山悅招書之不功企考槃之獨晤蓋怡遽廬之白雲盍感甲帳之春樹已夫泉養源而智瑩桑樂閑而心遠肺肝鑴其梳胙心胸羅以星宿蒹葭秋水淪伊人

之性風雨西山恬彼美之夢萬物觀靜宗子胞宏掌指坤
輿息通乾運一事之耽不知衆理之收以約名山箸述罄
桂四流爾室絃歌芳蘭久沁是以泉清在山玉輝韞璞思
雲抽淸身月證皓曖空露夕而野霞朝忘瑶琴之言樂瀲
瓊簡之理潑風生習習人上羲皇日馭遲遲世無漢魏此
樂弗告悅性永年姚君殆庶幾也庚午冬鄄寄元合會通
一書丐予弁語牧堂形勢成綺散白餘霞考亭風水泰雲
出而徧雨三才既貫曲藝亦名百川注而海宗一斑蔚函
虎露姚君豈斤斤持螯也哉惟是龔放佛髻士著仙掌大

雅誚多遠行文愧若其貴紙洛陽律東都十禩之賦覺迷
中土作南指萬里之車琅函可證鐘撞則鳴予何知焉他
日長揖田歸舊締雲山之伴閒身節倚清茹山水之樂鹿
夢不迷鴻飛同遠予之願也姚君亦有意乎軍行倥傯驛
遞悤促因錯落弁數言大清同治十年歲次辛未莫春月
上巳後一日
欽差大臣統帶甘肅南路各軍翼長前任福建延建邵兵
備道護理福建巡撫部院兼署布政使司布政使
誥授榮祿大夫　賞戴花翎二品頂戴　研愚弟周開錫撰

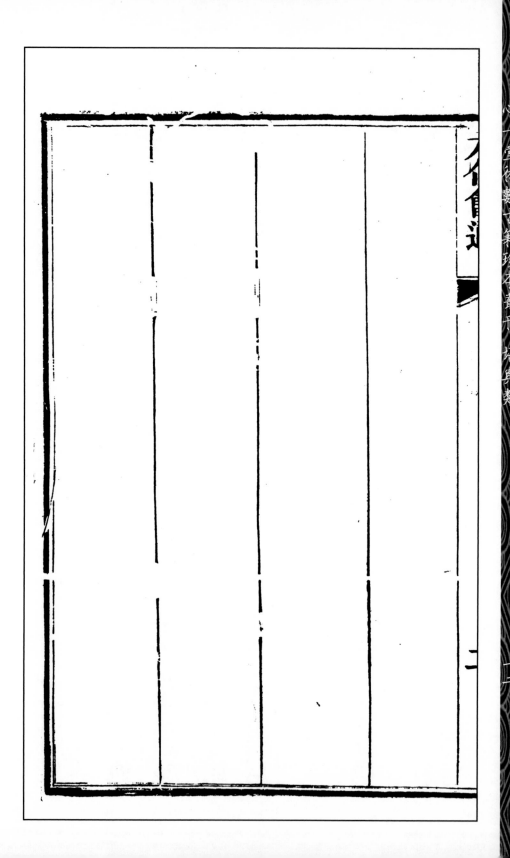

例言

一地學首重巒頭形勢不確三合三元俱無益也第巒頭難在點穴張伯雲謂十年知尋龍二十年始識點穴洵知言也予自幼喜讀形勢書及壯猶懵然于穴之所在乃舉先輩理氣諸書晝夜尋繹始有所晤蓋格龍乘氣納水消砂皆點穴之妙用要在學者于巒頭上領取其微意耳拘理氣以求巒頭不可强巒頭以合理氣尤不可洞悉其微自然相通而相證也

一理氣一門紛紛其說不止三合三元兩者而已但近日

所用有賴盤蔣盤二種分門別戶賴盤不第三合而以三合盤目之蔣盤不第三元而以三元盤目之泛言理氣學者無所取證不易分明況理氣出賴盤蔣盤外者即不足用乎故將兩盤逐層分注而曲申其義言簡而該一見能解但乎只著明正理不效術家之譭斥各家之非以伸己之是學者取各書互觀之可也

一三元之說本于洛書古來言氣數者皆主之如孟子五百年必有王者興而所以五百之故則即三元之義也蓋氣數出于洛書大小運大運分三元每甲子行一宮

每宮主六十年故六九五百四十年而天運一大轉小運亦分三元每元一甲子每二甲行一宮每宮主二十年故二九一百八十年而天運一小轉昔人所謂陽九百六之厄是也前漢劉歆曰八卦九章相爲表裏張衡曰聖人重之以卜筮雜之以九宮皆言三元之義邵子元會運世之學亦本此而推廣之耳迨元季無著大士著紫白賦明幕講禪師傳玉鏡正經由是三元之學盛行于時蔣公踵而行之于平洋陽宅爲尤宜故所著歸厚錄葉氏亦收入地理大成內有以也

一三合之說始于漢淮南子云木生于亥壯于卯死于未三辰皆木也火生于寅壯于午死于戌三辰皆火也土生于午壯于戌死于寅三辰皆土也金生于巳壯于酉死于丑三辰皆金也水生于申壯于子死于辰三辰皆水也故五勝生一壯五終九五九四十五故神四十五日而一徙以三應五故八徙而歲終今其書固在也不始于楊筠松楊公特用其法于水作縫鍼以收之耳學三元者詆之謂爲嘉隆以下人所僞託亦拘墟之見也

一理氣諸書重複穿鑿蔣公一洗而空之如朱子註鄭衛

詩悉去註疏家說不無鄭清之功然註疏之精確者固自在也而注蔣公書者更有甚焉以此一桶水注彼一桶了無意味令人生厭學者勿取而入目焉可也

一理氣備于羅經止正鍼盈縮穿山分經四者爲要得其義便知葬地卽所以葬天足與郭氏葬者乘生氣之意相發明大有裨益于巒頭不必拘牽于三合三元及諸書之糾紛不已也予之爲是錄也將以省學者之精神使從事于形勢得吉穴以安其父母而又不至于吉地葬凶爲仁人孝子之一助也云爾

一理氣之用專主立向羅經爲立向計也故作龍氣砂水四篇列于羅經分注之後詳言用法使閱者先明其理卽得其用而卦氣及各家之說有裨實用而經驗者亦爲剖析列于下其末舉三合三元而一之合其得入卷

一理氣所以輔巒頭人或畏其書多紛雜不可曉余嘗謂巒頭如圍棋易學而難精理氣如象棋難學而易精曾見有習巒頭數十年按其所扦無一合法而有驗者蓋徒知重龍重局而乘氣不淸斯穴法不確故終其身無所得也須取是錄細意求之當知巒頭理氣會通之妙

至是錄中所不載者皆理氣中之爪牙耳于斯道無當也若俗師所謂秘訣實求之皆無訣也所謂古本實接之皆無本也古今來凡不可切實明白告人者皆無用之學乎于此中受害十餘年所得鈔本盈笥徒亂人心目今皆會而通之所錄者至簡所該者至繁勿以爲少而不措意也乎更有山法平洋會通錄十二卷識者可取而互證焉

一地理辨正一書今術家奉爲秘寶其中有言三合者有言三元者有言巒頭者今概以三元註之不無牽強蒙

混大失廬山眞面目予曾著有地理辨正正解于青囊多主三合于天玉多主三元于都天寶照多主巒頭行當出以就正有道

一近日習氣多尙三元謂其水法之靈驗最著捷效也不知三元水法原從司馬頭陀水法而出司馬公云乾山巽水出朝官來水去水總一般若教巳辰來去見男孤女寡出貧寒蔣公祖之謂水之來去在天元宜立天元向水之來去在地元人元宜立地元人元向司馬公所言是三合衰向水法蔣公謂爲三元水法名雖異而實

則同也又司馬公祿馬御街格以坤申庚爲陽金酉辛戌爲陰金蔣公祖之乃立新盤將老盤所謂陰陽悉行改換謂陰不是陰陽不是陽令學者莫名其妙司馬公原習三合蔣公所言三元悉本司馬可見三元三合本自相通人自不察耳予之是錄先分發兩家之秘次乃會通其用欲作者因流溯源爲有本有原之學毋徒守俗師之陋說以自誤而誤人也或謂怕遭天譴予嘗題司馬頭陀鉗地錄云天地無私心鬱鬱佳城孝子慈孫隨處取神仙有慧眼芒芒遺跡狀元宰輔此中來大道

爲公維皇福善亦視其用心何如耳吾不懼也

參訂姓氏

湘陰郭崙燾志城　華容劉乙燃小山　達摩僧東林

綿竹孫桐生小峯　平江淩漢倬雲陔　上林僧西枝

壽州韓殿甲賡颺　永順姜順昌蒲菴　益陽周開銘桂塢

湖北曹澍鍾韻生　瀏陽張廷觀子湘　譚定澍聖泉

長沙曹杰南岳樵　湘陰任紹昉謁堂　徐維澧碧潭

武陵柳萬春蔭堂　善化歐陽侗松石　胡棐翼珏軒

湘鄉趙煥聯玉班　永順趙尚琦紫崖　周賢杰芷湘

長沙宋佪南楚卿　甯鄉趙珪斐卿　熊運昌曉麓　陳林之馨菊樵

湘陰楊壽嵩綬峯　長沙趙淩蘅吾　醴陵袁蔓垚賓　趙斐哲午喬
湘鄉李續燾璞陔　淸泉丁驊子開　蔡與澍穉雲
廣順但培良幼湖　湘陰郭家銓衡唐　彭嗣祚鼎卿
長沙陳海鵬程初　長沙高壽田葆吾　王德基瓖欽
浙江王家敏若農　江蘇施在鈺礪鄉　熊家鍔雨三
安徽韓鍛爵淦泉　聃純　楊炳政午奚
廣西黎承恩輔仁　圃生　羅士鍔湘藻
長沙周瑞麟雨香　湘潭胡松榮樹仙　周岷源少如
江西李應春訓慈　甯鄉黃禮堂月岩　段瑩仙舫
羅振雲竹坡　沅江陳維鼎笛瀾　任典儀稼軒
安化姚七沅海濤　姚一柱漱雲　姚文准玉喬
姚德丰勛宣　姚榮發逵程
姚禮權與甫　姚文運覺蓀
堂兄炳坣墨林　炳純品軒

自古言堪輿者三家巒頭曰形家選擇曰日家理氣曰法家巒頭主體山岡水洋平陽千變萬狀該以龍穴砂水選擇輔理氣之用而理氣尤形勝之指南葢氣與形相表裏有地形卽有地氣形徵於實氣運於虛實者迹象可憑虛者幽渺鮮據認形易眞認氣難的此理氣諸書所以爭持其勝也吾讀河洛精蘊而知三盤鍼路至理貫輸精而且奧讀地理辨正疏而知三元運令一氣流行廣而且大嘗欲輯爲一書覺地學之迷津以無暇晷搆思卽望洋而返益陽姚君舸丞所著元合會通發明理氣之義三元三合

挨星輔星皆能窮其源流證其同異適合鄙見以是書爲準繩則言巒頭者庶知形氣之統貫言理氣者庶知本原之指歸而不至牽強執見臆斷憑私矣方今行術之士抄本盈笥秘訣滿口攻擊互黨各持一是其膚淺者語俚詞陋挾技取巧識者每非笑而深鄙之其貌爲緘默自炫神奇者則惝恍其辭支離其說以高深文驕吝其蔽也詐而誇而遷爲地師者實受害于不覺以先人之遺骸聽此輩之愚弄此輩不足責也奈何爲人子者皆執迷不悟也得是書讀之知配龍乘氣納水消砂而點穴立向有不可移

之正軌其有功於世道非淺也更准之以巒頭兼之以選
擇斯誠集地學之大成矣亦何莫非上律天時下襲水土
之微義哉同治十年歲次辛未冬十月初吉新化鄒湘倜

地理元合會通錄目

卷一

第三層洛書
第四層二十四位
第五層穿山七十二
第六層正鍼内分金
第七層天星
第八層九星附挨星口訣
第九層十二次舍
第十層太陽躔次
十一層盈縮六十龍

十二層刻度五行
十三層宿度附歲差論
十四層度數關煞
卷二
賴盤分注說
賴盤內九層式
賴盤外六層式
第二層後天八卦
第三層八煞

第四層黃泉
第五層九星
第六層正鍼二十四位
第七層節氣
第十層中鍼二十四位
十一層天星
十二層平分六十龍
十三層縫鍼二十四位
十四層縫鍼外分金

三元指迷賦

雜卦水斷

先天八卦斷

易卦取象歌

同治新歷量天尺過宮度數

范名廷二十八卦歌訣

砂法公位

水法公位

放水公位

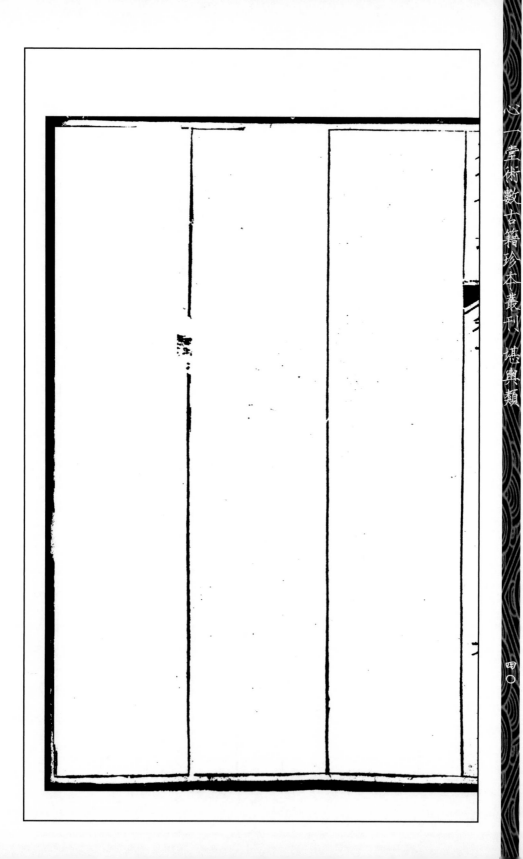

地理元合會通卷之一

益陽姚諄教舸丞識　甥譚昌謨律丞
甯鄉楊堃方城　受業增廣新垓鄂棠校
江清學臣渠　男育根培堂

理氣必本羅經說

地之爲學也有三曰巒頭曰理氣曰選擇巒頭主龍選擇主山理氣主向而皆取證于羅經古聖之制作與古名師之薪傳固未可輕議者予少習形家言每謂巒頭有據理氣無憑而又疑先賢之殊爲多事也既而博覽羣書歷訪

名墓閒遇賢師益友提撕幾費揣摩乃有所得而後知理氣之有裨于巒頭者大矣蓋不驗諸理氣無以探天地八一本同原之奧眼孔愈放心境愈粗其所謂巒頭者必不精而密如沈六圃先生可塈也古之精是道者所著鈐課歷數百載不差毫髮豈有他哉合巒頭理氣會而通之而已第書目太繁爲類太廣驟求者難衷諸一是于乃擇精取要舉所必用之端分注于羅盤之下藉羅盤以言理氣非徒作羅經解也泛求之而鮮據易若簡言之而無憑者皆有憑拊心者語必切是則予之拙也

元合會通說

易之爲道也。先天主對待。後天主流行。是二者足以盡天地之精蘊而無遺者也。堪輿家竊天地之秘藏。以先天爲體。後天爲用。合對待流行而一以貫之。而其術始神。三合者。對待之義。三元者。流行之機。實相成非相背也。大聖人下襲水土。因其一定之理。辟如天地之持載覆幬。橫言之也。三合家主之。上律天時。法其自然之運。辟如四時之錯行。代明。直言之也。三元家主之。方輿之橫列也。東木西金南火北水。震巽木生離火。離火生坤土。坤土生乾兌金。乾兌金生坎水坎水復藉艮土以生木八卦方位五行順序固燦然在目者則木生亥旺卯墓未火生寅旺午墓戌金生巳旺酉墓丑水生申旺子墓辰實一定之理淮南子首發明之而郭璞葬經謂派於未盛朝於大旺流於囚謝卽其義也而五行之生各有陽有陰陽死則陰生陰死則陽生陽木爲甲陰木爲乙甲木生亥而死午乙木卽生午而死亥生亥者爲亥卯未局生午者爲午寅戌局木燼而火傳也陽火爲丙陰火爲丁丙火生寅而死酉丁火卽生酉而死寅生寅者爲寅午戌局生酉者爲酉巳丑局火熄而

金戌也陽金爲庚陰金爲辛庚金生巳而死子辛金卽生子而死巳生巳者爲巳酉丑局生子者爲子申辰局金融而水化也陽水爲壬陰水爲癸壬水生申而死卯癸水卽生卯而死申生申者爲申子辰局生卯者爲卯亥未局水凝而木萌也故天下之物無巨細無有孤陰孤陽而獨立者而山與水必取其相配對山有自寅而戌者是丙火之陽氣也必有水自午而戌爲乙木之陰氣者以相配所謂乙丙交而趨戌也山有自子而辰者是辛金之陰氣也必有水自申而辰爲壬水之陽氣以相配所謂辛壬會而聚

辰也山有自巳而丑者是庚金之陽氣也必有水自酉而丑者爲丁火之陰氣以相配所謂斗牛納庚丁之氣也山有自卯而未者是癸水之陰氣也必有水自亥而未者爲甲木之陽氣以相配所謂金羊收癸甲之靈也山陽則水陰山陰則水陽山水循環互爲配對此三合之理一定而無可疑者楊公本淮南郭璞之說而行之謂之無事水法若禹之行所無事也其著效也捷如影響世所稱楊救貧者以此也洛書之象一在北屬坎二在西南屬坤三在東屬震四在東南屬巽六在西北屬乾七在西屬兌八在東

北屬艮九在南屬離天氣之流行也由一而二而三而四而五而六而七而八而九猶算今日而至明日算今年而至明年也直言之也三而分之一二三爲上元四六爲中元七八九爲下元一卦管二十年一元六十年中元無五故四六各管三十年三元共一百八十年中而分之一二三四爲東四卦六七八九爲西四卦東四卦之山要西四卦之水西四卦之山要東四卦之水山水循環流行不盡是天地自然之運無可疑者以此斷墓宅之廢興分毫不爽故世稱爲三元捷徑善斯術者必熟精三合三元之理

朗然於心擇龍眞穴的之處融會二者之精以立向予所著配龍乘氣納水消砂四訣乃合三元三合會而通之者也知此則頭頭是道不至悞己以悞人若各守一見互相攻擊其爲夏蟲不可語冰者奚異哉噫悞矣

蔣盤分注說

羅盤之制始自指南車自唐邱延瀚得異人傳授以後有正鍼二十四分金自二十穿山七十二盈縮六十其所爲取天地一氣貫輸者理至奧用至精也後賢臻至數十層重複雜沓不免屋下蓋屋之譏蔣公諳天星之學知賴公

所加中鍼卽所以明盈縮者也知用盈縮而中鍼可以不用楊公所加縫鍼推本百二十分金合子癸皆子之義蔣公取天玉三卦之說以父母兼子息爲言而又以乾亥壬爲陽子癸丑爲陰卽寓縫鍼之意也若平分六十龍從穿山七十二而出昔賢皆譏之若各家所增卦例畫蛇添足徒亂人心目蔣公删繁就簡別造一盤亦爲簡便至宿度一層于古度之外添設今度更爲有益第未有通人爲之發明而私心穿鑿者不以意融會前人强爲其說以攻先哲而斯道以廢予乃取蔣公所用原盤繪圖于左逐一具名

于上而按次說其義于後俾學者舉羅盤以相對朗然若列眉而因以得其奧至俗師所用盤舉分經穿山盈縮而悉歸無有問之而全然不知而造葬者竟用此羅盤爲宜俗師之貽害于人致自遭絕滅者多矣或又新增挨星卦氣數層不知蔣公所謂挨星特借星以言元運其意不在卦也支離其說者以艱深文其淺陋天下之罪人亦楊公之罪人也見予所注當瞿然失矣至刻度關煞宿度二層圖小不能具載僅存其名而後爲之說

一層天池
二層先天
三層洛書
四層正鍼
五層穿山
六層分金

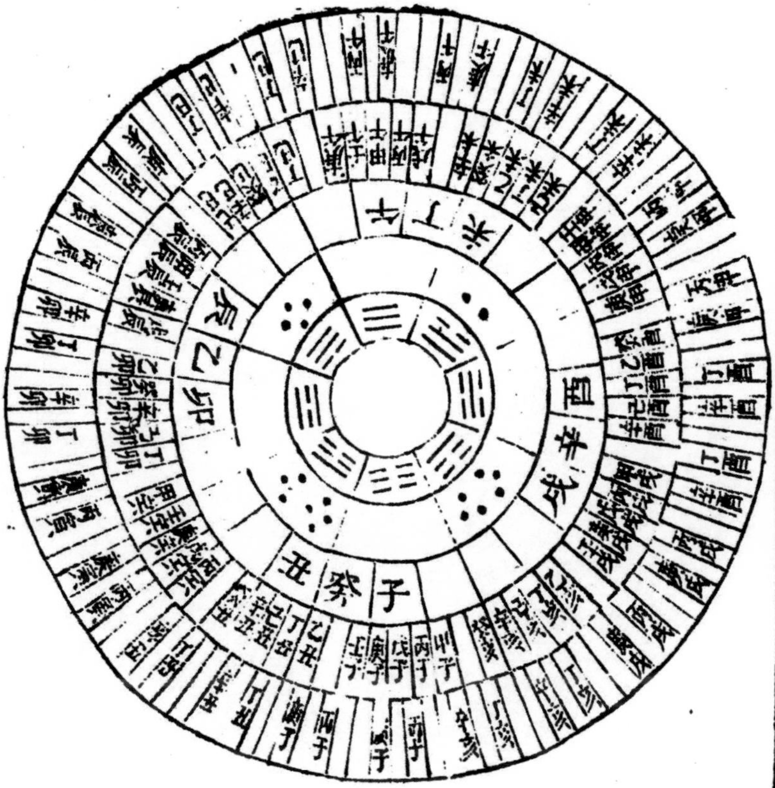

七層天星

八層挨星

九層次舍

十層太陽

十一層盈縮

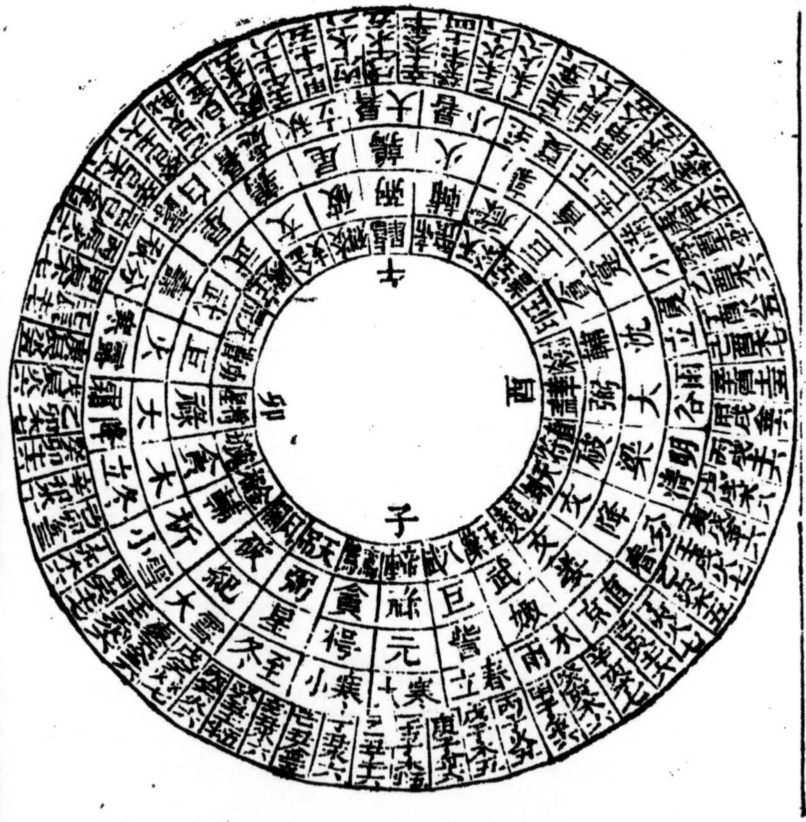

第一層天池

池闊一寸二分。象十二月。深三分。象三十日。底用蚌殼磨光。蚌殼、土也。中畫線路。南對張二度七十六分五釐。合今歷爲柳六度。北値虛九度危初度之閒。今爲女五度。乃陰陽之中路。子午之正鍼也。王趙卿所謂虛危之閒鍼路明。南方張度上三乘、是也。凡定鍼須盤盛五穀。天氣晴明。在六陽時用之。自然不爽。若六陰時、及陰暗處。子午雖正。終必參差。或于金井內用鍼。金被土埋。鍼必無主。取出金井。一見陽光。子午多不對。陰陽必取相配。此其驗也。

第二層先天卦位

先天卦位乾南坤北天地定位也離東坎西水火不相射也艮西北兌東南山澤通氣也震東北巽西南雷風相搏也乾兌離震爲陽巽坎艮坤爲陰乾兌爲太陽離震爲少陰巽坎爲少陽艮坤爲太陰其原本自河圖地理家以爲格龍乘氣之用河圖太陽居一而連九少陰居二而連八少陽居三而連七太陰居四而連六八首氣脈要取先天合後天陰陽相配如一九連而合十二八連而合十三七連而合十四六連而合十也訣曰先後并用後靜先動先

天順行一離五坤先天倒行一坎五艮法將先天順排作山乾一兌二離三震四故乾一從離起也巽五坎六艮七坤八故巽五從坤起也復將先天倒排作龍故乾一從坎起巽五從艮起也以乾坤艮巽之龍作乾坤艮巽之向坎離震兌之龍作坎離震兌之向男女老少龍向配合所謂河圖辨陰陽之交媾者此也但此法須從後龍分脈處定若尋在東咽處求之則迂矣

第三層洛書

洛書戴九履一左三右七二四為肩六八為足五居中央

以先天卦位配之坤一巽二離三兌四中五艮六坎七震
八乾九以後天卦位配之坎一坤二震三巽四中五乾六
兌七艮八離九古來陰陽家如後漢書程駟傳仰探遠於
九乾虎蒼子巽二起風皆主先天言也近日術家只知以
後天言之法以一二三爲上元四五六爲中元七八九爲
下元大運六十年爲一宮小運二十年爲一宮凡有大幹
結作力大氣厚者當以大運推其興廢每一宮管六十年
一元管一百八十年三元管五百四十年支幛小結一鈎
一搭則以小運斷之每一宮二十年用事一元管六十年

三元管一百八十年所謂洛書辨甲運之興衰者是也三元氣運本於河圖而方位不外洛書地居四隅天居四正一生一成相爲經緯一陰一陽相爲交媾至元至妙之道也如天一生水爲上元首運而向水取於南者北方水必需天九之金以生之一六共宗故乾水即爲照神地二生火爲上元二運取艮方地八之木以生之而二七同道故兌水即爲照神天三生木爲上元末運取兌方天七之火以養之而三八爲朋故艮水即爲照神地四生金爲中元首運取乾地六之水以養之而四九爲友故離水即爲照

神地六成之爲中元末運取巽地四之金以生之而一六共宗故坎水即爲照祠天七成之爲下元首運取震方水者需天三之木以生也二七同道故坤水爲照神地八成之爲下元中運取地二之火以養之三八爲朋故震水爲照神天九成之爲下元末運取北方天一之水以養之而四九爲友故東南地四之巽水爲照神總之四生如孩兒之待父母四養如衰老之仗子孫淺言之爲五行相生之體深言之即八卦顛倒之用明洛書之義參以先天後天之卦配以九宮九星之用約以四吉四凶列以上中下三

元斯道之秘皆盡矣同治三年甲子係大運第一甲子論
地者當看其地之大小厚薄推斷八局之旺衰以卜其歷
年之久暫也

第四層二十四位

二十四位專用正鍼一卦三山分天地人三元天元爲父
母人元爲順子地元爲逆子子午卯酉乾坤艮巽天卦也
父母也甲庚壬丙辰戌丑未地卦也逆子也皆向左行不
與父母同路宜單用所謂江東一卦從來吉八神四個一
也乙辛丁癸寅申巳亥人卦也順子也皆向右行與父母

同路可兼用所謂江東一卦排龍位八神四個二一也如坎卦壬子癸三山子爲天元癸爲人元壬爲地元子癸可以兼用壬宜獨用其分陰陽也二十四山分東西南北南火北水東木西金每方各六位而中分之北則乾亥壬爲陽水子癸丑爲陰水東則艮寅甲爲陽木卯乙辰爲陰木南則巽巳丙爲陽火午丁未爲陰火西則坤申庚爲陽金西辛戌爲陰金一陰一陽一順一逆合成四十八局所謂二十四山雙雙起也其立向收水也水之來去在天元則宜立天元向水之來去在地元人元則宜立地元人元向所

謂葬山首邱葬水首流卽楊公水來當面是眞蹤之義又地支曰正神干維曰零神收零神之水須立正神之向收正神之水須立零神之向是青囊陽用陰朝陰用陽應顛顛倒倒之義

第五層穿山七十二

六十花甲加八干四維之正三分二十四山而成七十二以應七十二候楊公寶鑑所謂穿山虎是也其甲子起于正鍼之壬中應天雪上候之氣與透地龍相表裏透地應天氣以辨龍穿山應地氣以坐穴故穿山專主坐穴與龍

氣無涉地理取用專避空亡差錯并忌坐穴之納音剋洩亡命之納音其法當八干四維之正中空處為大空亡地支正中處如戊子己丑庚寅辛卯壬辰癸巳甲午乙未丙申丁酉戊戌己亥十二位為大差錯又名正沖殺坐之皆主敗絕七十二位之縫中曰小空亡正鍼二十四位之縫中曰小差錯坐之主貧敗訣曰八干四維中大空大差錯在地支中七二縫中三八縫小空小錯坐皆凶厲公所謂三七者言此層甲子在壬本位得壬三分零右邊加三分仍是壬左邊加三分是子故甲子穿山為七壬三子丙子

在子本位得子三分零左邊加三分仍是子右邊加三分是壬故丙子爲七子三壬戊子正當子中爲正子庚子則七子三癸壬子則七癸三子是將二十四山每山作十分扣算惟三七位方可坐穴如壬山止可坐癸亥甲子子山止可坐丙子庚子也昔人又以穿山所坐甲子所得之卦謂之本卦遁其子父才官三奇四吉祿馬貴人收四吉之山發三奇之水其貴祿財官之方得尖圓高聳之峰者富貴如坐穴與山川不合則當易一穿山以收之似屬破碎可以不必

第六層正鍼內分金

百二十分金者正鍼二十四山每山各列五位共得百二十位也與正鍼穿山透地四層及雙山洪範小元空三家五行皆出于邱延瀚而發明于楊筠松誠屬神物非凡人所能臆測也古有素書以明透地寶鏡以明穿山瀛海以明分金三者係盤鍼之正宗吉凶之樞紐在所必用缺一不可其餘皆屬此三者也透地從天極之子午穿山從浮鍼之子午分金從日影之子午故分金從地支出不列于一支而兼前支一半如子癸二宮其列十子而癸前一半

屬丑亦列之以子也古人立臬測日影以正南北其最長最短之影較浮鍼畧偏丁半位則分金之十子俱在子支之內並不犯丑也楊賴二公加二縫鍼不過指明透地分金兩盤之原由使人易知耳此盤作用取丙丁庚辛之旺相避戊己之龜甲壬癸甲乙之孤虛其納音不得尅泄透地之納音蓋丙庚納于艮震丁辛納于兌巽四卦各除中爻爲卦體上下二爻陰陽交媾爲陰陽冲和又四少易于生育主發福速故曰旺相甲乙戊己壬癸納于乾坤坎離乾坤爲二老孤虛無配不能生育故曰孤虛坎離除中爻

爲體亦純一不交如竈甲之壁氣不可入故曰竈甲空亡
賴公于丙庚丁辛分金則書之于甲壬乙癸戊己則空其
位甚屬簡明厲公又以本金納音之生旺定分金之美惡
如丙子水分在子宮爲旺地曰吉甲子金分在子宮爲死
地曰凶亦可參用厲公所謂二八者言此層每一山作十
分一山五金每金得二分如甲子在子得子二分左邊加
四分仍是子右邊加四分是壬故甲子上六子四壬丙子得
子二分左邊加四分是子右邊加四分得二分子二分壬
故丙子八子二壬戊子正子庚子八子二癸壬子上八子四

癸四六金偏薄犯孤虛正位犯空亡差錯分金惟二八可
坐也又龍脈從此分金透入忌用此分金爲坐向犯之氣
沖腦散爲雙金煞秘竅云分金云者謂分別五行之氣如
翦開金銀不復粘合也素書云分金若可借用又憑分金
何哉時師好兼左三分右三分謂用陽借陰用陰借陽用
天干借地支用地支借天干多犯分切不清之書

第七層天星

賴盤天星本賴公催官篇此本天玉經而設也天玉經云
坎離水火中天過龍墀移帝座寶蓋鳳閣四維朝寶殿登

龍樓罡刦弔煞休犯著四墓多銷鑠金枝玉葉四孟裝金箱玉印藏帝釋一神定州府紫微同八武更有一星佐尊貴坤是金神位拔子爲帝佐午爲龍墀卯爲將星酉爲華蓋爲太陰寅爲金箱申爲玉印爲天財巳爲金枝亥爲玉葉爲紫微辰爲天罡戌爲天刦爲地煞丑爲天弔未爲天煞乾爲龍樓爲太陽坤爲寶蓋爲佐尊艮爲鳳閣爲丕曜巽爲寶殿爲紫炁甲爲鬼刦庚爲刦煞丙爲炎釋壬爲示武爲八武爲咸池乙爲功曹辛爲直符丁爲帝輦爲帝勅癸爲鑾駕凡吉星之位峰巒聳起秀水特朝合龍向之生

則主大富貴

第八層九星

坤壬乙巨門從頭出艮丙辛位位是破軍巽辰亥盡是武曲位甲癸申貪狼一路行子未卯三位祿存倒寅庚丁顛倒作輔星午酉丑右弼輪到九戌乾巳文曲吉連四上元吉向貪巨祿中元吉向文武連下元吉向破輔弼城門水口對宮旋合得三元三吉位福來極速禍不沾能將外水星翻吉煞去山收造化全自壬而庚而丙而甲自乾而坤而巽而艮自亥而申而巳而寅為逆子十二局宜順排九

星自子而卯而午而酉自癸而乙而丁而辛自丑而辰而
未而戌爲順子十二局宜逆挨九星挨星口訣云乾辛艮
破壬戌丑乾寅庚輔癸亥寅乾酉丑弼子乾艮震丙辛軍
坤酉午震庚丁左申辛丁震午酉右未庚丙坎艮丙軍乙
寅亥坎寅丁左甲丑戌坎午丑右卯艮乾離癸申食庚未
辰離坤壬巨辛申巳離子未祿酉坤巽巽甲癸貪寅乙癸
巽壬乙巨艮卯子巽子卯祿丑甲壬坤甲申貪丁巳申坤
坤乙巨丙辰未坤未卯祿午巽坤兌艮離武戌申子戌宮
坐下出壬甲兌艮離武乾子卯兌酉丑文亥癸乙艮輔

亥辰丙庚艮艮離亥巽午酉艮卯未武巳丁亥乾祖山脈剎辛艮是壬山丙向有丙水朝吉戌丑二方水來去皆吉挨星從破軍上倒排父母順挨令星到向是艮丙辛之局也而坤山艮乙山辛亦如之此上元甲子甲戌二十年首運也剎寅庚是癸山丁向有丁水朝吉亥寅二方水來去皆吉挨星從左輔上倒排父母逆挨令星到向是寅庚丁之局也而申山寅甲山庚亦如之此上元甲申甲午二十年次運也剎酉丑是子山午向有午水朝吉乾艮二方水來去皆吉挨星從右弼上倒排父母順排令星到向是午

酉丑之局也而卯山酉未山丑亦如之此上元甲辰甲寅二十年末運也蓋貪巨祿三星與破輔弼三星一陰一陽一山一水回環配對地理家重向此從向上挨星而細分之一星中又作三星也推其本而言之坎一屬貪爲上元首運而坤得氣之先亦屬上元首運坤二屬巨爲上元次運而巽得氣之先亦屬上元次運震三屬祿爲上元末運而離得氣之先亦屬上元末運要而言之上運六十年令星有三而吉向三十神而明之頭頭是道龍合山山合向向合水于楊公無事水法司馬公奇貴水格無不暗合厥

效甚速歷驗如神惟在用之者之得其妙耳嚳一坎而八卦可例推舉一上元而三元可隅反然此中所以然之理至精至奧非若諸書所載之了無意味也深明易學者識陰陽進退消長之幾乃足以語此宜世之訊挨星者多謂其淺陋也其亦淺者見淺之故也夫

第九層十二次舍

析木本居寅火卯壽星辰三鶉巳午未實沈位居申梁酉降婁戌娵訾亥上陳子枵丑星紀逆向掌中輪

第十層太陽躔次

太陽立春到壬雨水過亥驚蟄到乾春分過戌清明到辛穀雨過酉立夏到庚小滿過申芒種到坤夏至過未小暑到丁大暑過午立秋到丙處暑入巳白露到巽秋分過辰寒露到乙霜降過卯立冬到甲小雪過寅大雪到艮冬至過丑小寒到癸大寒過子撥太陽即月將在亥夘二宮一日行一度一度六十分每一時行五分在戌辰二宮每一日行五十九分酉巳二宮每一日行五十八分申未午三宮每一日行五十七分寅丑子三宮每一日行一度一分其出沒之所在正九出入乙庚方二八出卯入酉暘三七

發卯入辛地四六生寅入戌藏五月出艮歸乾上仲冬出巽沒坤方惟有十與十二月出辰入申餘細詳太陽前後光照十五度須查臺歷某月日時刻到所作山向方度所謂歷數太陽也楊公造命歌云六個太陽三個緊中間歷數第一親六個太陽謂守夾照拱關輔也在山曰守又曰蓋夾山方夾命宮曰夾在向隔六宮一百八十度曰對照曰沖照在三合方隔四宮一百二十度曰拱曰釣在四正二茲方隔三宮九十度曰關在六合方隔二宮六十度曰輔迎其將來曰臨三個緊乃守夾拱之於山也凡日月拱

山夾山以無凶星雜其中爲妙諏吉彙纂謂六個太陽昇元都纂鳥兎雷霆都天寶照四利三元也非是

十一層盈縮六十龍

天機素書云盈縮六十即透地龍也上應星氣故名天紀專主格龍乘氣之用格龍之法在穴星後來龍過峽結咽處分水脊上定盤鍼看來脈係何花甲隸在某卦爲某龍屬何納音以斷生尅及消納也乘氣之法在穴星上降脈結穴處分水脊上定盤鍼看到穴之脈氣是陰是陽以憑收放乘接也如得透地辛亥龍係天皇正氣納音屬金若

脈從右來則以左耳乘氣穴宜坐乾向巽乾之要得內分金之庚戌金穴在壁七壁八土度中使辛亥正氣從左耳而進也至于行注布氣之溝其線縫當中亦宜合己亥之壁七壁八及溝頭轉折處亦宜用所該宫分之土度或金木度皆吉而土金木度中又不犯關煞空亡差錯方爲全吉若用火度則剋龍矣吳景鸞扦徽州府基記云卯龍丙向甲門開五百年間產大財走了紫陽山下水乙庚之歲損嬰孩其係透地癸卯龍過峽癸卯隸震故曰卯龍癸卯納音屬金金生在巳水去紫陽山下係巽巳方流破長生

故於乙庚化金之年有損嬰孩之應又遂安縣余竊宣扞一太陽金星穴庚酉落脈立庚山甲向碑文云離龍甲向因追步後龍及數里過峽處格之眞離也又如賴公飛佈地記云百里天皇世所稀廖公鵝塘池記云神后行龍來百里三度失其蹤皆于峽上用透地格龍也盈縮六十一周佈劃度五行之上雖七十二龍之干維空處皆得六甲管攝不屈其位故曰渾天劃度所管之界限有盈有縮渾天上應天道盈縮之變故官位亦與劃度同闊狹此法分自三元經其甲子起于正鍼之亥末進壬前二三度二度即三

日三十六時也在穿山辛亥之下乃壬祿之鄉甲木生氣之府壬爲甲父亥爲甲母故甲子不生于子而生于亥卽先賢積三十而後起冬至之意也冬至節前是大雪乃陰氣之終夏至節前是芒種乃陽氣之終此陰陽交接之會也然有節氣至而天氣未至者或天氣至而節氣未至者因氣候之有盈縮故月分之有大小也所以盈縮宮位亦如刻度焉

第十二層刻度五行

盈縮六十龍之下周佈六十一位五行金十二木十三水

十二火十二土十二每位各分管列宿之度數爲剋度五行其五行不與花甲納音所屬相同或從天干或從地支或從納音或取天干所化或取地支所藏其宫位之闊狹應天氣之盈縮也五行之錯雜法天道之錯綜也瀛海經云剋度五行與坐穴穿山之納音相爲體用坐度爲生坐穴爲賓度生穴爲泄穴生度爲恩度剋穴爲財穴剋度爲殺比和爲得宜如丙子水穴坐火度爲殺戊子火穴坐水度爲財之類又坐度剋來水之度吉來水之度剋坐度凶山剋穴者人多發福穴剋山者其家少祿穴剋水財源

積聚水而剋穴必遭築毒又按盤縮甲子金龍帶坎卦管室宿五六七八九十共六度屬金從納音也丙子水龍帶困卦管危十六室一二三四共五度屬火從天干也戊子火龍帶師卦管危十一至十五共五度屬水取地支所藏也庚子土龍帶解卦管危五至十共六度屬金從天干也壬子木龍帶解卦管虛九少危一至四共五度屬木從納音也乙丑金龍帶渙卦管虛三至八共六度屬土取地支所藏也丁丑水龍帶渙卦管女八九十十一虛一二共六度屬水取納音也己丑火龍未濟管女三至七共五度屬

金取地支藏金也辛丑土龍漸管牛四五六七女一二共六度屬木取天干化水生木也癸丑木龍艮管斗廿一二太牛一二三共五度半屬土取地支藏土也丙寅火龍小過管斗十五度至二十共六度屬火取納音火也戊寅土龍謙前五度管斗八至十二屬火後二度管斗十三十四屬木取地支所藏也庚寅木龍旅管斗二至七共六度屬金取天干金也壬寅金龍旅管箕六七八九半至斗一共六度屬水取天干水也甲寅水龍艮管尾十七八箕一至五共七度屬土取天干化土也丁卯火龍无妄管尾十一

至十六共六度屬木取地支藏木也己卯火龍頤管尾八九十共三度屬金取天干生金也辛卯木龍隨管心四五六尾一至尾七共十度屬水取天干生水也癸卯金龍震管房四五六心一二三共六度屬土取天干化生也乙卯水龍屯管氐十三四五六少房一二三共七度屬木取天干木也戊辰木龍噬嗑管氐七至十二共六度屬火取天干化火也庚辰金龍震管氐二至六共五度屬水取地支藏水也壬辰水龍復管亢五至九太氐一共七度屬土取地支藏土也甲辰火龍睽管角十一十二太亢一至四共

七度屬木取天干木也丙辰土龍升管氐五至十共六度屬火取天干火也己巳木龍鼎管軫十七十八太角一二三四共七度屬金取地支藏金也辛巳金龍大過管軫十一至十六共六度屬木取天干化生也癸巳水龍巽管軫五至十共六度屬土取地支藏土也乙巳火龍恒管翌十八十九廿少軫一二三四共七度半屬火取納音火也丁巳土龍蠱管翌十一至十七共七度屬金取地支藏金也庚午土龍豐管翌六七八九十共五度屬水取天干生水也壬午木龍家人管張十八太翌一二三四五共六度屬

土取地支藏土也甲午金龍離管張十三至十七共五度
屬木取天干木也丙午水龍明夷管張七至十二共六度
屬火取天干火也戊午火龍既濟管張二至六共五度屬
水取元空金生水也辛未土龍革管柳十三半星一至六
太張一共十度屬金取天干金也癸未木龍離管柳九至
十二共四度屬土取地支藏土也乙未金龍革管柳三至
八共六度屬水取納音金生水也丁未水龍豫管井廿八
九三十少鬼一二少柳一二共八度屬火取天干火也己
未火龍晉管井二十二至廿七共六度屬金取天干生金

也壬申金龍觀管井十六至廿一共六度屬木取天干生木也甲申水龍坤管井十一至十五共五度屬火取天干生火也丙申火龍否管井六至十共五度屬水取天干化水也戊申土龍萃管參八九太井一二三四五共七度半屬金取天干生金也庚申木龍坤管參三至七共五度屬木取納音木也癸酉金龍兌管畢十三至十六太觜半參一二共六度半屬土取天干化生也乙酉水龍歸妹管畢七至十二共六度屬水取納音水也丁酉火龍中孚管畢二至六共五度屬火取納音火也己酉土龍歸妹管昴六

至十一畢一共七度屬木取地支藏辛金化生木也辛酉
木龍履管胃十五少昴一至五共六度半屬土取地支三
合丑土也甲戌火龍兌管胃九至十四共六度屬金取天
干化生也丙戌土龍履管胃四至八共五度屬土取納音
土也戊戌木龍履管婁九至十二太胃一二三共九度屬
水取地支藏金生水也庚戌金龍大有管婁三至八共六
度屬金取納音金也壬戌水龍需管奎十五至十八婁一
二共六度屬火取地支藏火也乙亥火龍大有管奎九至
十四共五度屬木取天干木也丁亥土龍大壯管奎二至

八其七度屬火取天干火也己亥木龍共管壁六至九太奎一其六度太屬土取天干土也辛亥金龍兼管壁一至五室十七十八少其七度少屬水取地支藏水也癸亥水龍乾管室十一至十六其六度屬木取天干生木也其內卦作用與穿山同

第十三層宿度

黃道三百六十五度四分度之一每度作百分太度七十五分少度二十五分半度五十分共成三百六十五度二十五分二十八宿羅列于周天是爲天經按歷法一百零

七萬一千里徑三十五萬七千里每一分金八千九百餘
里一度二千九百餘里故立向毫釐之差必致千里之謬
古有統天開禧會天授時四歷賴盤所載係南宋甯宗開
禧歷度數與今七政臺歷不符坐穴撥砂選擇當遵今歷
始准四歷各載太陽過宮度數分抄不同如太陽過一宮
統天載女二度九十五分九抄開禧載九十二分九十三
抄會天載九十二分八抄授時載九十六分三十八抄四
歷分抄多寡雖殊過宮女二則一也堯時冬至日在子中
虛六度至秦莊襄元年計一千零廿八年冬至日在斗廿

二度故月令與堯典中星不合又一千二百九十二年至宋仁宗慶歷甲申年冬至日在斗五度至明萬歷時日在箕二度上距堯時四千一百餘年計差五十度有奇共二萬九千二百年差三百六十五度零天與地合矣歲差論云天與七政皆繞地左旋而歷家以七政爲右旋說雖殊而實一也（自北而東而南而西曰左旋　自北而西而南而東曰右旋）按尚書蔡傳天體至圓周圍三百六十五度四分度之一繞地左旋常一日一週天而過一度日麗天而少遲一日亦繞地一週而在天爲不及一度積三百六十五日有奇而與天會如子正

初刻子時之中也以壺漏定之太陽躔丑宮初度以中星躔測沖度之起於地底北方之正中子點上升而東行迨明日子正初刻太陽又起地底北方之正中子點而天已過丑宮初度偏東一度而太陽所起之子點已爲丑宮一度天仍與太陽同升太陽于天爲不及一度積三百六十五日有奇則全差三百六十五度四分度之一而復于丑宮初度之原點而與天會歷家以退爲進握算之捷法也太陰及五星皆然故中法所謂歲差者謂太陽之行歲歲漸差而東而西洋算法謂列宿之行歲歲漸移而西中法謂恒星不動故以列宿

天分宫爲天體謂角亢在辰氐房心在卯尾箕在寅斗牛在丑女虛危在子室壁在亥奎婁在戌胃昴畢在酉觜參在申井鬼在未柳星張在午翼軫在巳日躔則堯甲子冬至日在虛六度至今冬至日躔入寅之箕太陽東旋大暑如此先儒謂天度三百六十五度四分度之一而有餘日數三百六十五日四分日之一而不足天度常平運而舒日躔常內轉而縮如今年冬至日躔箕一度之第十分次年冬至日躔比天差一周仍會天于箕一度之第十分却因日數少于天度尚在箕一度第九分若干秒約七十餘

年而差一度西法謂日躔每逢冬至必復丑宮初度之原
點列宿却歲歲西行蓋西士用大儀器密測普天諸星經
緯俱歲有移度則列宿天亦如七政之浮動于太虛未可
據以分宮故推本于最上一層之宗動天而以宗動天爲
天體以宗動天分宮其法有九重天之說九重天者月輪
天最卑而在下其上爲水星天又上爲金星天又上爲日
輪天又上爲火星天又上爲木星天又上爲土星天又上
爲列宿天又上爲宗動天卑者行遲高者行速至宗動天
而極速諸天之會于宗動也行愈遲則會愈速行愈速則

會愈遲日輪天之行遲于宗動天並遲于列宿天故每日後宗動天一度次年冬至較上年冬至比宗動天差一週復于丑宮初度之原點而與宗動天會列宿天之行遲于宗動天而速于日輪天者也故須二萬五千四百一十年有奇纔比宗動天差一週復于丑宮初度之原點而與宗動天會次年冬至僅比上年冬至丑宮初度之原點西行五十一杪故星躔漸移而西焉二說以西法為勝何者書言日月之行則有冬有夏若如中法所言果係太陽之差而東則堯時冬至日躔子中今易而躔寅再而卯而辰而

已將時序之寒暑晝夜之永短互異矣可乎 國朝數理精蘊書獨取西人之說誠足爲萬世法譏布衣丁戊據邵康節冬至子半之言謂冬至日躔當板定于子中不當板定于丑中不知子半之說可以論月建不可以論日躔必以冬至爲子半之說則酉中豈春分之期上古十一月冬至歷元初起時日躔丑宮之斗度故以丑爲星紀之次迨堯時冬至日躔子之虛蓋已東旋一周矣先儒又謂歲差之法古未嘗有始自東晉虞喜不知四仲中星堯典已備詳其說迨經秦火已失其傳至晉姜岌首以夜半子時升

子午點之星對冲以求而太陽之眞躔始得由今以論術數星與宮當分別觀之分野之法論星不論宮觀左傳參爲晉星可見故尾箕爲燕分斗牛爲吳分不因箕過入丑而箕遂爲吳分也六壬家宮禽法繫乎宮者也宜從乎其舊堪輿家撥砂法亦繫乎星者也宜從乎其新會而通之庶幾有准耳

第十四層度數闕煞

書曰忌陰陽差錯之位避五行闕煞之宮訣曰金闕木瘵傷木闕土瘟癀土闕水瘟疫水闕火少亡火闕金欠殃千

頭關煞猶覓稜支冲關煞禍難嘗差錯空亡一侯敗絶十二宮中仔細詳凡六十一位刻度五行之分界交遷處爲關遇五行相剋者爲煞相生比和者謂之有關無煞陰陽中半不純者謂之陰錯陽差正針八干四維正中一度曰大空亡穿山縫中一度曰小空亡地支中一度曰大差錯二十四山縫鍼一度曰陰陽差錯共四十八度爲天機四十八殺五行關煞之宮七十四度凶星反吟伏吟五行剋戰之地五十八度協吉者一百八十度而已賴公爲立簡捷易曉之法于差錯之度則記一乂于空亡度則記一亡于

關煞間則記一殺于全吉者則記一圖于吉凶相半者則空其位令人一見了然又亢金在辰婁金在戌牛金在丑鬼金在未乘氣分金前人必避此四宿度今同治己巳臺歷四金度不在辰戌丑未而在子午卯酉牛金七度四十分始于子之三度終于子之十度亢金十度三十六分始于卯之四度終于卯之十三度鬼金四度三十四分始于午之五度終于午之九度婁金十二度五十七分始于酉之三度終于酉之十五度須依新度斟酌用之者關煞從透地剋度五行上起今昔無殊賴公舊法可仍慎也

地理元合會通卷之二

益陽姚諄教㣙丞譔　余炳奎蘭陔

甯鄉楊堃方城　受業曹廣漣浚生校

江清學臣栞　男青校翰垣

賴盤分注說

宋賴太素深明天學者也。所著催官篇、發明氣脈之義。細如毫髮。最足裨形勢家點穴之妙。用于刻度關煞宿度、發前人所未發。其祀空亡差錯也。誠易知而簡能、所製羅盤、集理氣之大成。歷數百年而不敝。明代董德彰等、莫不遵而用之迄今可考也儆盤是其遺製雖有大小之不同要以十八層者爲至當間有增至數十層者混雜淆亂反失廬山眞面目無濟于實用轉足以惑人之聰明而市本所調羅經辭者數種率皆眞僞互收彼此聚訟不歸畫一誠足令閱者昏昏欲睡終身習之而莫得端緒宜世之學者懶于尋繹因而假蔣公三元之說造爲無稽之談陰圖呑吐大言欺人乃痛詆賴盤之爲不足徵也予乃圖之于左注之于後刪繁就簡一見即知俾初學易于玩索因以知先賢正道之不可廢其已見于前卷者闕焉

一層天池
二層後天
三層八煞
四層黃泉
五層九星
六層正鍼
七層鍼兼
八層穿山
九層分金

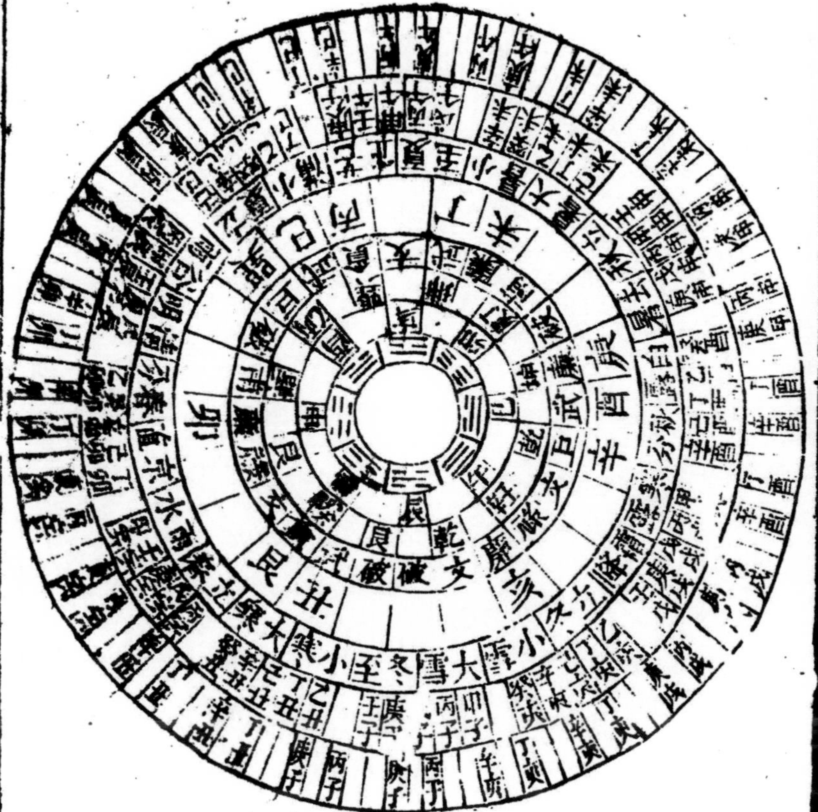

第十層中鍼
十一層天星
十二層平分
十三層縫鍼
十四層[illegible]
十五層[illegible]

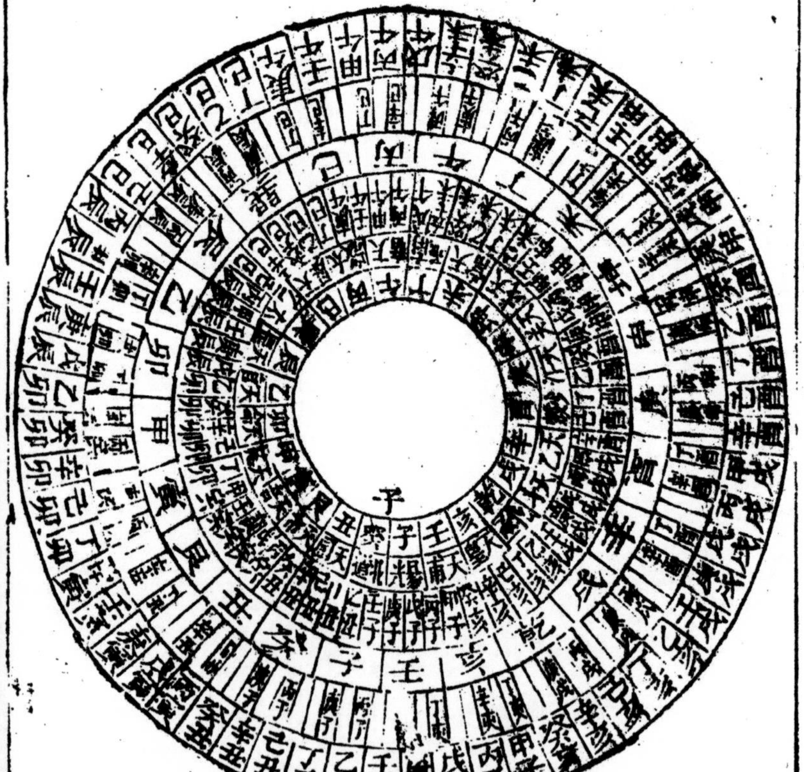

第二層後天八卦

先天正有卦象無方位、後天則合八方之定位、古人以後天之方位、推先天之理氣者、先天是體、後天是用、故羅經作用、皆從後天、以後天卦、陰陽中分五行順序故也、中分者、東北陽方、列乾坎艮震四男卦、西南陰方、列巽離坤兌四女卦、順序者、震巽木生離火、離火生坤土、坤土生乾兌金、乾兌金生坎水、坎水不能自生木、必藉土以生之、故水潤艮土、艮土生震巽之木、

第三層八殺

訣云。坎龍坤兎震山猴。巽雞乾馬兌蛇頭。艮虎離豬爲殺曜。墓宅逢之立便休。此八卦官鬼爻也。如乾卦四爻午火爲官鬼。故乾以午爲殺曜。坤卦三爻卯木爲官鬼。故坤以卯爲殺曜之類。凡來龍坐山。皆忌見此水來。若不能避。即當依水立向。如乾龍見午水。作午向。亦可化殺爲權。若遇陽殺立陰向。陰殺立陽向。混雜破局。爲禍更烈。八卦中惟坎有辰戌二鬼爻。是坎殺兼辰戌也。

第四層黃泉

訣云。庚丁坤上是黃泉。乙丙須妨巽水先。甲癸向中憂見艮。辛壬水路怕當乾。此八干之坐山墓殺也。乙丙向坐山辛壬同墓于辰。故巽爲黃泉。甲癸向坐山庚丁同墓于丑。故艮爲黃泉。辛壬向坐山乙丙同墓于戌。故乾爲黃泉。庚丁向坐山甲癸同墓于未。故坤爲黃泉。從向上起。實從坐山起也。傳曰。不及黃泉無相見也。以墓殺爲黃泉。取名近是。黃泉之方動則生凶。忌來水與門路。玉尺經云。八殺黃泉雖云惡曜。若在生方。例難同斷。生方者來脈來水之方也。慈溪葉氏宅龍從坤方來。坐癸向丁。坤水倒左去辰巽。目講禪師從白虎頭開坤門。收來龍進氣。大旺三百年科甲明末改丁向門路堂水傾瀉兩進士罷官又拶救貧黃泉歌云辛入乾宮百萬莊癸歸艮位發文章乙向巽流清富貴丁坤終是萬斯箱庚向水朝流入坤管教此地出賢英丙向水朝流入巽兒孫世代爲官定甲向水朝入艮流管教此地出公侯壬向水朝流入乾兒孫金榜姓名傳吳興洗亮功調癸乙丁辛向以艮巽坤乾爲沐浴方出水爲吉甲丙庚壬向以艮巽坤乾爲官祿方來水爲吉不知上四句是完竊司馬頭陀順連珠水法言辛向庚水倒右入乾癸向壬水倒右入艮乙向甲水倒右入巽丁向丙水倒

右八坤後八句竊司馬頭陀逆連珠水法而兩貪剖逆連珠訣云甲乙艮兼丙丁巽庚辛坤與壬癸乾此爲順逆連珠水格合連珠爛了錢言甲向乙水朝倒左去艮丙向丁水朝倒左去巽庚向辛水朝倒左入坤壬向癸水朝倒左入乾是靑囊經小神入中神中神入大神法也經云奇貴連珠並祿馬三合貪狼貴無價小神流短大神長富貴聲名滿天下乙辛丁癸是小神甲庚丙壬號中神乾坤艮巽名大神司馬公發明其義謂水喜去干維忌放地支總以乙辛丁癸甲庚壬丙立向以乾坤艮巽去水俱係三合生

旺衰向收水法與黃泉無涉諏吉彙纂所載黃泉辨甚屬無見不可遵

第五層九星

九星從天定卦坤宮對宮起貪狼而出其獨取坤卦者坤爲地也故曰地母卦坤對宮爲艮故艮爲貪狼次巽爲巨門次乾爲祿存次離爲文曲次震爲廉貞次兌爲武曲次坎爲破軍至坤本卦爲輔星也用法有二一以察來龍之吉秀以取坐山之用以貪巨武爲三吉論艮巽兌三卦三卦又納丙辛丁合艮巽兌爲六秀加震庚爲八貴更加巳

丑亥未爲十二吉山坤乙龍以坐此十二吉山立陽向爲吉一以驗開穴之土色歌曰九星一盤占土色法從峽上定來情峽如是輔穴土紫武白廉紅黃巨門如峽上是震庚亥未脈得紅土即止巽辛脈見黃土即止餘倣此

第六層正鍼二十四位

後天八卦排列八方四正輔以八干如甲乙輔震丙丁輔離庚辛輔兌壬癸輔坎四隅輔以八支如丑寅輔艮辰巳輔巽未申輔坤戌亥輔乾分列而成二十四位是爲地盤古人用正鍼配龍立向謂之收山用中鍼向消砂用縫鍼

向納水屬伯韶詩先將子午定山岡再把中鍼來較量更加三七與二八莫與時師說短長子午言正鍼也其陰陽本先天卦氣先天方位合洛書九宮卦氣乾南得書之九坤北得書之一離東得書之三坎西得書之七陽屬奇故四卦皆陽震東北得書之八兌東南得書之四巽西南得書之二艮西北得書之六陰屬偶故四卦皆陰干支納于八卦乾納甲坤納乙離納壬寅戌坎納癸申辰艮納丙巽納辛震納庚亥未兌納丁巳丑納于陽卦屬陽納于陰卦屬陰格龍宜陰陽純淨立向則陰龍宜陰向陽龍宜陽向

納水則陰龍陰向宜陰水往來陽龍陽向宜陽水往來但其中龍與水不能無駁妙用在人惟乘氣立向必不可雜如乘陰氣立陰向乘陽氣立陽向或陰龍多而入首陽則當舍陽而立陰向以收陰或陽龍多而入首陰則當舍陰而立陽向以收陽或局止有陰向又宜乘陰氣以配之止有陽向則宜乘陽氣以配之

第七層節氣

地盤二十四位上應天時二十四氣如立春生氣臨艮雨水臨寅驚蟄臨甲春分臨卯清明臨乙穀雨臨辰立夏臨

巽小滿臨巳芒種臨丙夏至臨午小暑丁大暑未立秋坤處暑申白露庚秋分酉寒露辛霜降戌立冬乾小雪亥大雪壬冬至子小寒癸大寒丑選擇家宜按節推候以驗天之生氣也

第十層中鍼二十四位

中鍼二十四山賴太素所設以明盈縮六十龍者也盈縮甲子起于正鍼之亥末從天極也淺者疑之公作催官篇發明天星之秘故作此盤蓋天星以天皇大帝一星爲主宰此星在勾陳口中紫微帝星正照午位則天皇在乾亥

之間故此盤以亥居乾亥之間以壬居亥壬之間以子居壬子之間悉前半位上應天星正對而不偏倚青囊云北極斜居壬亥之間是也蓋天極之子午與浮鍼之子午差半位而不對浮鍼之子午曰正鍼地也北極之子午曰中鍼天也其名中鍼者以此盤之子午正指正鍼丙午之中也中鍼一設而天星之位各得其正而盈縮甲子起于正鍼亥末者是天極之王中無可疑矣天體左旋五行順序故背北面南以言氣則西爲先而東爲後天氣先至地氣後至地理龍氣爲先穴向爲後故用先至之氣辨龍後至

之氣坐穴分金以符天地之氣此三鍼三盤之用也然此以氣言無形可見抑知仰觀北極斜居西北測臬而日景倚于西南中縫兩鍼非憑虛無據而設者蓋有理斯有氣有氣斯有象也經盤秘妙邱公得之太乙老人有正鍼一鍼有盈縮穿山分金三盤穿山從正鍼人所共知分金子偏東北午偏西南故楊公加入縫鍼所以明分金之位況正鍼明用八卦暗藏地支惟加入縫鍼而後地支之用始著盈縮子偏西北午偏東南故賴公加入中鍼所以明盈縮之位也三鍼有理有象中最先主天星以辨龍正次之

主八卦陰陽以定向縫又次之主地支生旺以消納水局盈縮從天星起甲子于正鍼之亥末五子正當中鍼之子位中鍼之用也穿山從八卦起子于正鍼之壬中五子正當正鍼之子位正鍼之用也分金從地支起甲子于正鍼之子初十子正當縫鍼之子位縫鍼之用也盈縮合天紀爲辨龍之細法穿山名地紀爲坐穴之細法分金爲立向之細法厲公所謂再把中鍼來較量者如正鍼亥龍入首左邊多係中鍼之亥乃天地二盤俱亥大吉若右落多則係中鍼之壬非天星正氣矣行山小盤不便設盈縮龍當

設此盤代之羅經會要謂臬所測較浮鍼而偏丙不知臬影之位偏丁與縫鍼合又各省多不同非中鍼所向也且直以縫鍼爲天紀正鍼爲地紀杜撰無識不可從

第十一層天星

天星者從青囊天官篇出賴公配成二十四星以加于盤者也青囊云天光下臨地德上載精義云地無精氣以星光爲精氣故以天星占龍脈貴賤也天星以四垣爲最貴紫微垣臨亥四輔照壬天市垣臨艮少微垣臨兌旁照庚太微垣臨丙巳旁照巽此最貴之星也至若天屏在巳號

明堂陰樞映丙名天貴南極臨丁主壽考天乙居辛司文章參旂值庚以宣威騎官當震而主武仙聖每鍾天市守輔多出離壬將帥邊臣產戌辰神壇佛刹佔井鬼又太陽在午諸凶不敢臨此皆上應星氣而然也賴公催官篇各山異名如乾爲陽璣北極天廄亢陽亥爲天皇天門紫微壬爲天輔陰權子爲陽光太陰月癸爲陰光瑶光北道丑爲天廚金牛艮爲天市陽樞寅爲天棓甲爲陰璣天苑卯爲陽衡廉貞阿香扶桑天命乙爲天官辰爲罡亢金巽爲陽璇太乙更點巳爲天屛青蛇赤蛇丙爲陰樞太微天貴

午爲陽樞天廣太陽遊魂日丁爲南極未爲鬼亢陰天常羊坤爲陰元元戈元峰天鉞地母申爲天關庚爲天漢酉爲少微陽閶金雞陽關辛爲陰璣天乙戌爲鼓盆婁魁又坎爲背一離爲炎精面九四維爲四神丙午丁爲三火巽丙丁爲三陽八干爲八將辰戌丑未爲四金白虎爲西獸又走馬六壬辰爲天罡巳爲太乙午爲勝光未爲小吉申爲傳送酉爲從魁戌爲河魁亥爲登明子爲神后丑爲大吉寅爲功曹卯爲太冲又十二次舍子爲元枵爲寶瓶丑爲星紀爲磨羯寅爲析木爲白羊卯爲大火爲天蝎辰爲

壽星爲天枰巳爲鶉尾爲金牛午爲鶉火爲獅子未爲鶉首爲巨蠏申爲實沈爲陰陽酉爲大梁爲雙女戌爲降婁爲人馬亥爲娵訾爲雙魚先賢錮記隨便取用

第十二層平分六十龍

平分六十龍蔡西山朱文公所定用甲丙戊庚壬乙辛己丁癸于地支各排五位又名順排六十分金俾選擇者可以推測某月某節候太陽輪臨某山方氣貫平分某龍也起甲子于中鍼之壬中平分周佈以明氣候一日不增多一日不減少也其下各帶一卦甲子起比丙子剝戊子復

復卦正當子中其序卦之次卽邵子先天六十四卦圓圖去乾坤坎離四正卦此卦作用專論九六冲和凡坐穴之卦其外卦得震艮巽兌者曰冲和得乾坤坎離者曰不冲和如比卦外卦是坎爲不冲和剝卦外卦是艮曰冲和廖金精云得金不得卦漫自說空話得卦不得金枉自去勞心金卦兩得方爲全義時師謂此盤甲子較七十二穿山而不缺較六十透地而整齊較百二十分金而中正以之格龍曰胎骨不知欠缺不齊天地之奇此盤板死非邱楊之傳也如天不三百而三百六十五度四分度之一大衍

之數五十其用四十有九可知天地之道并奇零則不神也邵子曰陽生于子極于午陰生于午極于子在一歲則冬夏二至而陰陽生在一月則朔望二日而陰陽生在一日則子午二時而陰陽生又曰在地言時在天言氣因物以知時因時以驗氣天氣降臨萬物應之而滋生故凡驗氣候當知審太陽蓋氣候有或先或後之不齊必待太陽交度過宮時驗之乃定也其過宮在地紀八干四維之正中即七十二穿山之空位猶太陽驛傳之行宮也正鍼乃地氣中鍼爲天氣從中鍼壬末子初起冬至子末癸初起

小寒癸末丑初起大寒自冬至一陽始生于壬末至丙初芒種而六陽之氣已極而陰生又從丙末午初起夏至午末丁初起小暑丁末未初起大暑自夏至一陰始生于丙末至壬初大雪而六陰之氣已極而陽生正鍼之壬丙乃中鍼壬子丙午之間陰陽二氣交接之所中鍼所受來龍天氣各按七十二睺貫注平分六十龍凡得眞龍正穴必候天時生氣降臨正值龍穴分金坐度中得受二氣交感謂天地合其德擇吉安扦合法則發福響應矣

第十三層縫鍼二十四位

縫鍼二十四山者中分一支而成雙山者也如子支一位中設壬子二山以干從支二十四山雙雙起子母公孫同一位也楊公以五行生旺起于正鍼雖有大小元空天星卦例必竟有兼前跨後之弊故設此盤專爲占水之生旺墓絕以立向與格龍之星氣貴賤立向之陰陽純駁無涉也法從寅申巳亥四生位起雙山三合而會一氣如乾亥同宮甲卯同宮丁未同宮是亥卯未乾甲丁三合生旺墓而會成木局艮寅同宮辛戌同宮是寅午戌艮丙辛三合生旺墓而會成火局巽巳同宮庚酉同宮癸丑同宮是巳

西北巽庚癸三合生旺墓而會成金局坤申同宮壬子同宮乙辰同宮是申子辰坤壬乙三合生旺墓而會成水局惟土無定位旺于四墓而附于水氣也正五行爲五行之質雙山五行乃五行之氣故推向水之生旺用雙山不用正五行也其子午先正鍼半位者水爲天氣天氣先至地氣後至耳書曰形成于地氣行自天地之氣卽天之氣然氣行于天次及于地次及于人如子月一陽生至巳月而六陽足天氣此時已大熱而地與人未甚也地自丑月一陽生至午月而六陽足而人未甚也人自寅月一陽生至

未月而六陽足而人始大熱古人云天開于子地闢于丑
人生于寅雖元會運世之説而一歲之中寒煖莫不皆然
可見天地本一氣而漸及有先後耳

第十四層縫鍼外八分金

縫鍼百二十分金古以之望雲氣而占豐歉觀星氣以卜
灾祥及水旱寇賊雨雪蟲荒等事所應何方何年如泰山
角八度癸卯金會稽斗一度丁丑金武昌軫二度戊辰金
長沙軫十二度壬辰金宋何潛齋特收入用葉九升謂爲
分金之細法如正鍼子山庚子分金左一分是縫鍼丙子

分金俱旺相若庚子右一分分金下是縫鍼甲子分金上
旺相而下孤虛則犯小空亡矣

地理元合會通卷之三

益陽姚諄教舸丞譔　胡之杰曙覃

甯鄉楊　堃方城　安業曹廣淵治生校

江　清學臣栞　男育楨立之

立向總說

地理之學巒頭主龍穴選擇主坐山理氣則主向蓋穴埋於地向朝於空空即天也有定而無定者也山屬艮爲少男澤屬兌爲少女男女之情自相綣戀得其向則婚媾成而一氣相通失其向則讒誘生而兩情睽隔向者山水之

媒妁也立向之法以配龍乘氣納水消砂為要青囊天玉諸書詳言水局則三合三元盡之矣然而龍不眞穴不確雖砂水合元合運終歸殄滅郎龍眞穴確而脈氣不淸千里好山殊為空設浮梁眞武仗劍形地穴星金水前吐長舌翦木鍬皮取倚穴葬劍欄亥龍左落入手其右穴受乾氣明堂案對皆正不發李德鴻挨左乘辛亥正氣扦丙向發四神童三學士二侯五侍郎一食邑科第自宋迄明未艾樂平王字脈地高金結穴中垂乳旁開兩肩明堂凝聚旗皷劍印咸備庚脈宜扦卯向但幞頭案不正劉氏扦作

乙辰貪案正也。廖金精見之嘆云。軍山帳中王守。衛眞武大座勢奇雄。我做產王扶聖主。他做出寇也不終。後生漢酒兒弟八人。事陳友諒。封萬戶侯。不克終。受脈乘氣。有差咫尺之間。侯寇有間。賴公首言天星。剖析氣脈。細入毫芒。誠足補巒頭家認龍扞穴之所不及。立向者斷不可不奉之爲圭臬。至配龍消砂納水。則宜合蔣盤參而用之。庶可以獲速效。爰分列四者于後。爲學者洗眉刷目焉。

立向掛線訣

靈城精義云。入首入手。則龍與脈之由辨。分金分經。則來與坐之由分入首者主星之脉入手者貫穴之脉氣也分金者百二十甲子分經者三百六十宿度也來者入穴之脉氣如亥脉入穴當乘丁亥辛亥之旺相避己亥乙亥癸亥之孤虛此分金之用也坐者坐下之山固宜用分金之旺相而一金之下又有三度當細辨其度之吉凶須先用目力揣清穴場內外暈氣眞砂眞水之所在因于後龍結咽處格定來脉于穴星降脉處格定穴脉以中鍼合正鍼看其是陰是陽于明堂中用縫鍼格定水局倒左倒右又立穴場用中鍼格左右前後高砂是何方位通三盤打算

或立陰向或立陽向總以穴脈爲主砂水次之乃于金井後頭過元女尺六尺四寸覆掌脈上下盤面對來脈掛起氣線氣線既定乃掛坐線坐線可以推移氣線則不可有差以入首貫穴之氣天生已定不可改移者也坐線既定乃掛雜氣線如正鍼艮脈入手得透地庚寅于庚寅上掛氣線庚寅納音屬木若作庚向則掛穿山甲寅一線以爲坐線甲寅屬水以生透地庚寅木氣至于氣線坐線交界之所便爲右耳乘氣之所而寅上氣卽爲雜氣遂于寅上掛雜氣線如有寅氣冲入便當趨避脈急則退下一分以

避寅氣脈緩則進上一分以抵寅氣則艮之眞氣入棺而無雜矣又如艮脈入手得透地戊寅納音與艮皆屬土坐下自旺無待補助若得透地丙寅納音屬火火生艮土反爲泄則失之弱宜用分金生養穴若作庚向宜作丙分金之庚寅木生丙寅火爲旺于穿山坐丁卯火于度坐心五度剋度屬水度尅穴爲財又坐度須尅來水之度不令來水之度剋坐度乃爲全吉

配龍立向訣

青囊云陰陽相見福祿永貞陰陽相乘禍咎滅門陰陽相

見者陰龍見陰向陽龍見陽向也陰陽相乘者陰龍陽向陽龍陰向也先賢更取天星納甲卦氣三合貴人五者淨陰淨陽陽數奇陰數偶以奇配奇而得偶如一配九而成十是也以偶配偶而亦得偶如二配六而成八是也天星者如亥為天皇立丙向坐四輔而朝太微皆貴秀之氣也納甲者震庚亥未龍立震庚亥未向為一卦自配是也配卦者如震長男巽長女為正配震庚亥未龍立巽辛向是也三合者如坤申壬子乙辰龍立坤申壬子乙辰向為三方互相配是也十二支龍可直龍直向但穴宜閃歸一邊

不宜頂龍直下向與龍一而龍氣仍從耳入不致氣沖腦散犯雙金殺也催官篇壹立干維向不作三合地支向謂干維氣清地支殺重然地支向力大其蔭綿遠總計二十四龍推之一龍得數向以為用者取証焉亥龍之向在巽丙丁而卯巳次之壬子癸龍之向在坤乙午而申次之丑龍之向在巽丙丁而未庚酉次之艮龍之向在巽丙丁庚酉辛而未次之寅龍之向在坤申而午次之甲龍之向在乾坤卯龍之向在庚辛而丁亥次之乙龍之向在乾坤而申子壬次之辰龍之向在乾坤而戌壬次之巽龍之向在

辛亥艮而庚次之巳龍之向在亥而庚酉辛艮次之丙龍之向在辛亥艮午龍之向在壬癸甲丁龍之向在艮亥而卯酉辛次之未龍之向在艮亥而丑卯次之坤龍之向在壬子癸而乾甲乙寅次之申龍之向在甲癸而子寅乙次之庚龍之向在卯艮而巽巳丑次之酉龍之向在艮卯巽丁辛龍之向在艮卯巽而巳丙次之戌乾之向在甲乙而辰次之此賴公催官篇及諸賢所定也倘堂局不合則取陰陽純淨而已若八殺如坎龍辰戌向坤龍卯向震龍申向巽龍酉向乾龍午向兌龍巳向艮龍寅向午龍亥向此

斷不可者也。又九惡向。如兌龍巳丙午向。卯龍坤申酉向。艮龍午坤向。亥龍午向。離龍乾向。壬子癸龍巳向。禍亦不免。平洋多作倒騎龍穴。巽丙午丁庚酉辛卯皆可本龍本向。至平洋取龍之法。入首高起緊細者。以二十四山定龍。平坦而有短浜收來者。則從浜頭弔二十四氣。到頭闊大者。以八局定卦。則依八卦立向。專用三元之法可也。至于移龍換向。旋乾轉坤。運用之妙。更有在乎一心者。

乘氣立向訣

古人于穴中作用。不曰乘龍。而必曰乘氣者。妙哉其言之也蓋言龍則有定言氣則無定氣猶水也決決諸東則東決諸西則西一龍之上左右挨移氣便不同如西北一乳入首從中格之則乾氣也移步過東格之則變爲戌移步過西格之又變爲亥活潑潑地聽人去乘乘乾便是乾乘戌便是戌只要乘得他來卽爲貫穴之氣此中妙用實參造化之權故有截僞乘眞之法如辛龍入首後龍節節係西兌陰龍但辛脈垂乳至入手忽右落變戌是辛眞而戌僞也宜提高點穴上乘眞辛下截僞戌蓋陰爲眞陽爲僞也有放僞挨眞之法如辛戌並行入首後龍陰多面前砂水

收于陰向則宜放倒戌氣扶起辛氣乘辛氣入右耳立乾山巽向以配辛若後龍陽多面前砂水收于陽向則宜放倒辛氣扶起戌氣乘戌氣入左耳立辛山乙向能扶起眞氣則發福悠久有移龍就向之法如寅甲龍入首水法堂局在正西止有庚酉辛三向可立龍陽向陰必難相配法當舍去寅甲斜乘卯氣入穴使其純陰不雜也有內外兩向之法入首龍氣不可移換堂局水向不能配龍乃立內向以收山立外向以收局如子龍入首右水倒左堂局在巳不可立午陽向於是欲移龍就向則壬子癸一片陽氣

不可移欲以午向配龍則明堂水城不成局只得內立午向以配龍氣外立巳向以收水局此處兩難之微權也有脫龍就局之法落脈散濶模糊欲移龍則認龍不真欲兩向而山砂殺曜相逼只得舍難就之龍而從有據之局如子龍入首堂局在巳右水倒左欲立午向則午上尖砂冲來欲立辰向而辰又爲坎之八殺當於本龍之上竟扦巳向以收堂局亦可富數十年之利也有移龍攝向之法如一龍入手可辛可戌面前左水倒右若乘戌而立乙辰向則龍賤而僅發丁財必乘辛而立卯向乃龍貴而發俊秀

若乘戌而反扦卯向乘辛而反扦乙辰向則發凶禍矣脈氣又有眞行僞落僞行眞落之別眞行僞落者後龍節節是陰而到頭一節是陽就陽扦穴而立陰向主初年不發待剝龍合向而始福謂之借局穴僞行眞落者後龍節節是陽而到頭一節是陰就陰立穴而扦陰向主初年發福至行到後龍則龍向不合矣謂之速達穴

賴公催官篇乘氣訣

天皇評穴 亥龍

催官第一天輔壬穴天皇亥氣從右耳接穴宜挨左微加

乾天皇氣貫穴無泄四神八將俱朝迎紫綬金章在前列
此左落亥龍也若作巳向恐氣冲腦散須面對亥脈將棺微挨左加乾立丙向則令棺中右耳乘亥氣而乾氣射入棺外爲吉若挨右加壬則乾氣斜入右耳而眞偽雜矣左右二落當妨偽氣射入之病中落易收亦二圖爲式　左落之左挨左之左就面對亥脈者言右耳之右就棺中言　天星以四垣爲最貴紫微垣臨亥爲中宮爲北極天皇大帝之所居故賴公評龍穴俱以亥第

亥龍左落右耳乘氣之圖

加壬乾氣斜入亥氣亦於之圖

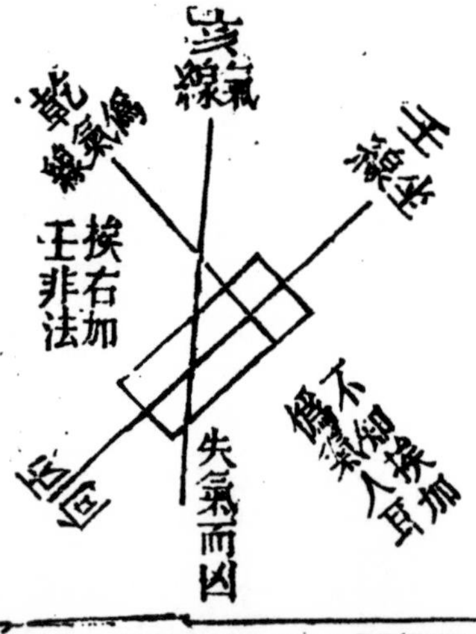

天皇氣射天廐乾星微挨西獸虒加壬行天廐穴坐始爲吉耳受左氣官班榮

此右落亥龍左耳受氣也亥氣挨右邊來相挨壬邊作巽向令左耳乘亥氣乾氣坐空若不加壬而加乾則失

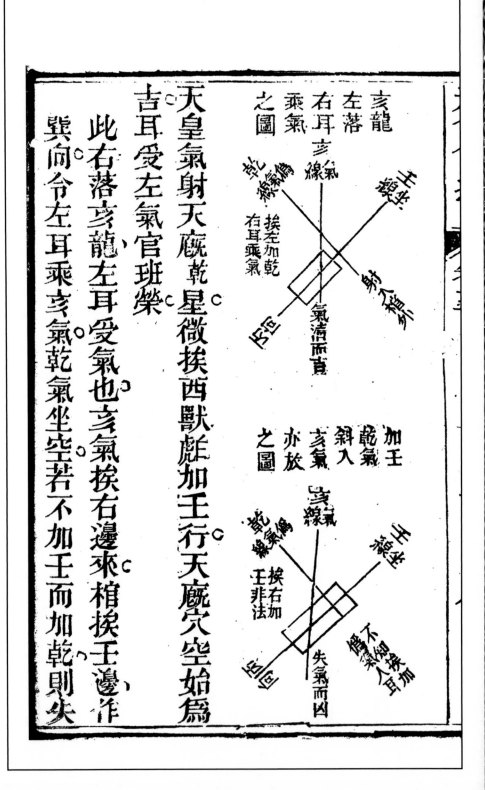

真氣入偏氣大凶

亥龍右落左耳乘氣之圖

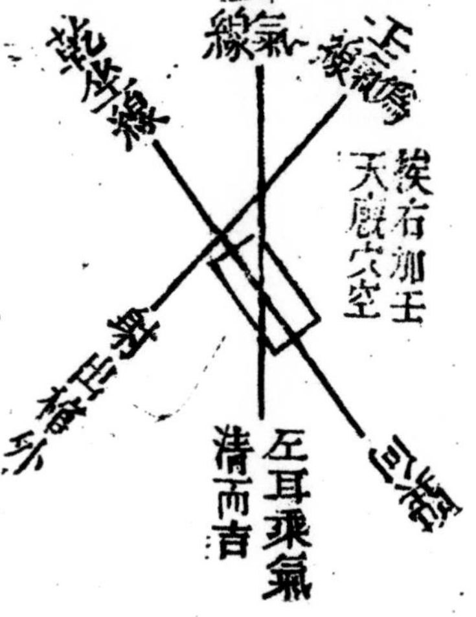

亥龍巽向不加壬亥氣放之圖

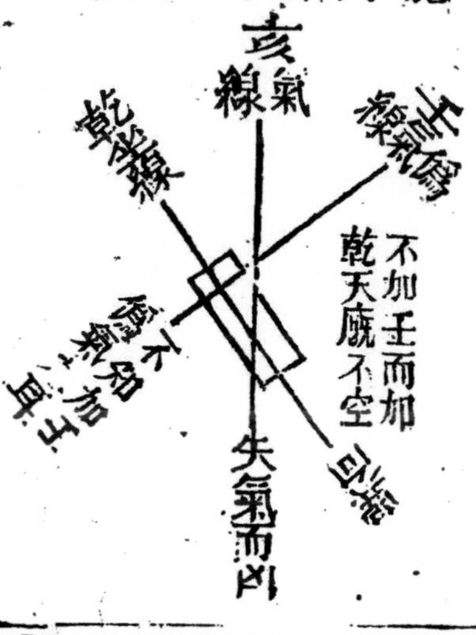

天皇氣冲穴北道癸挨左立穴爲樞要稍加乾位細推詳。

右耳乘氣毋冲腦丁向

天市評穴艮龍

催官第二穴宜癸天市艮正氣冲左耳穴挨西獸微加寅。

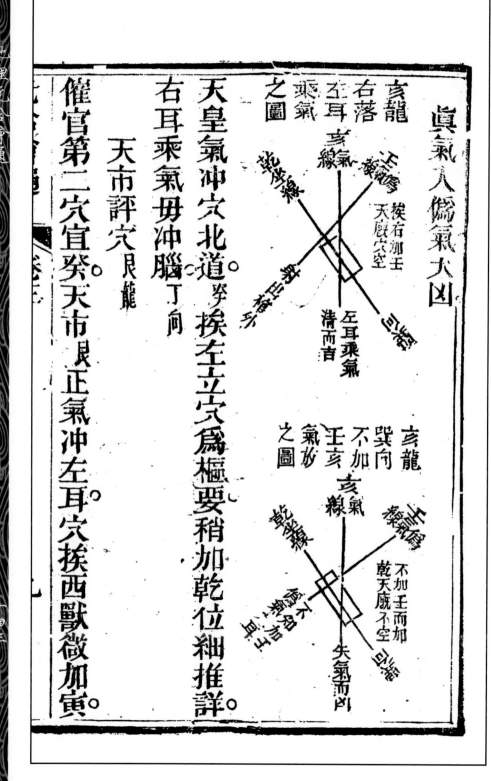

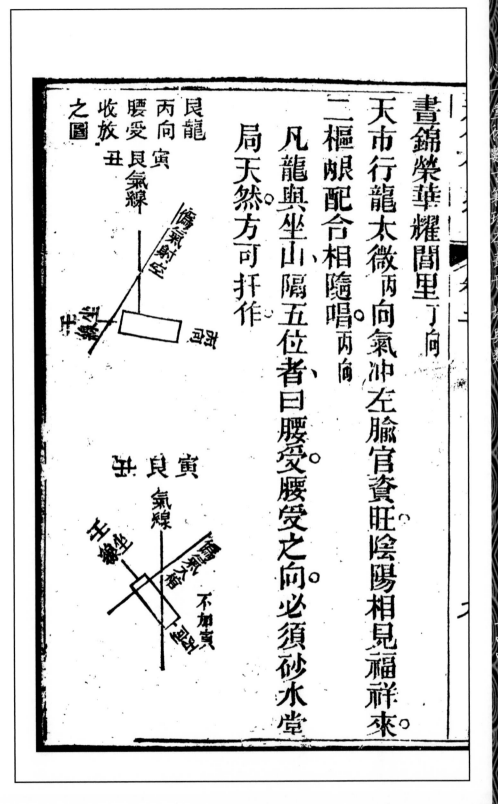

晝錦榮華耀閭里丁向

天市行龍太微丙向氣冲左腧官貪旺陰陽相見福祥來。

二樞帳配合相隨唱。丙向

凡龍與坐山隔五位者、曰腰受。腰受之向。必須砂水堂局天然。方可扦作。

艮龍丙向腰受收放之圖

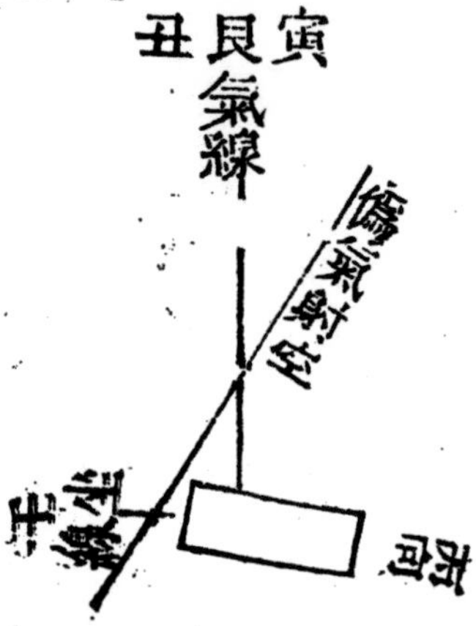

壬癸背一面九離河洛理數無相違四垣四獸各正位五
氣順逆相憑依
此贊坐北朝南之妙也艮八屬木坎一屬水離九屬金
向生坐坐生生龍不相違也四垣者紫微垣在北太微在
南天市在東少微在西四獸者青龍白虎朱雀元武也
各正位者面南坐北則各得其本位也
天市迢迢穴陰璣甲氣冲右耳無透遁天廚丑微加穴粘
左富貴文武官崇巍庚向
陽樞穴坐天官乙星右壓乘氣多榮名若得陰璇辛山秀

起舍書飫史稱明經辛向
陽樞艮爲龍酉向兌右耳乘氣最爲貴穴宜挨左加廚星
丑閥閱榮華定無艾酉向
天市行龍向陽璇巽氣冲左腧通微元屋潤家肥積金帛
只恐夭折虧天年巽向
陰璇評穴辛龍
催官第三穴天厩乾天乙行龍右耳受挨左立穴加少微
酉中男及第紆紫綬巽向
陰璇穴酉向東震陰璇氣從左耳進微侵妻位勿加多巡

警小官亦英俊卯向
陰璇辛穴向天市垣氣從左脇推其源玉堂金馬無分到
儒官俊雅多田園艮向

陽璇評穴巽龍

催官第四穴宜乙陽璇巽左耳氣冲入天官乙借坐加貴
蛇禁關宸宮須夜直辛向
太乙巽行龍天屏巳穴右耳乘氣眞奇絕亢金殺位勿加
多巨富小貴人英傑亥向
太乙行龍向陽樞艮右旋乘氣無差殊砂奇水揖龍精異

詩禮富貴多金珠 艮向

陽衡評穴 卯龍

催官第五穴宜甲陽衡卯氣從左耳發穴挨西獸加天官

乙持節避疆掌生殺 庚向

阿香卯東來穴天官氣貫右耳屍靈安微加甲位字粘左

先文後武榮官班 辛向

天漢評穴 庚龍

催官第六穴東震天漢庚氣從右耳進微加申位多榮名

富壓鄉邦衆欽信 卯向

天漢正向天市星氣奔　耳真奇清微加西兌穴粘右水

朝局備家資豐。艮向

南極評穴　丁龍

催官第七穴宜坤。南極氣從右耳奔。要使亢陰坤　勿貫穴。

微加天馬午。榮家門　艮向

收眞避偽之圖

中落之脈。當勢偏氣間入之病左右二落免此

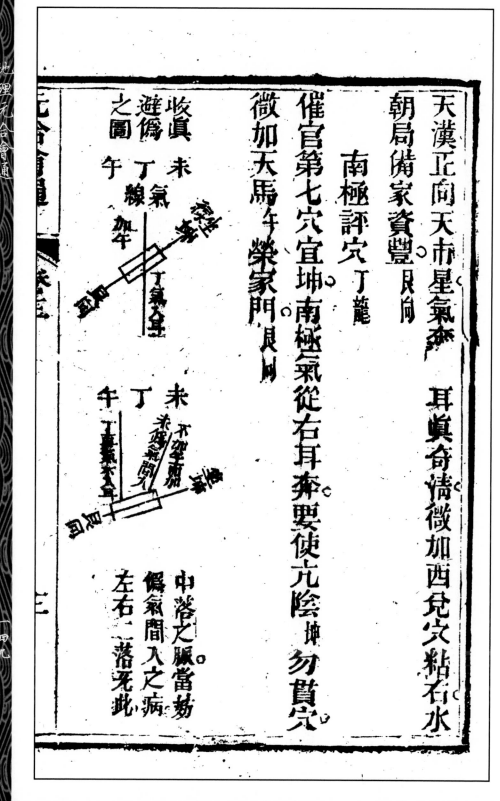

南極丁行龍天皇亥向氣冲左耳乃爲上穴挨西獸微加
羊陽權午慎勿毫釐間亥同

太微評穴丙龍

催官第八丙龍乙氣冲左臉英才出晬太微之龍穴粘巳
氣貫左耳富而已亥同

太微丙行龍向陽樞艮右腰乘氣無差殊穴當挨左加青
蛇巳亦主人旺家資富艮向

少微評穴酉龍

催官第九兌山艮左耳氣冲無多恭畀加天乙辛貴纏來

亦主文章典州郡艮向

金雞來向天門亥啼氣冲右耳天厩乾處微加天漢水砂

朝少年一舉登科第巽向

金雞啼向扶桑東氣冲腦散虧神功庚辛受穴始爲吉官

職榮覇貲財豐卯向

直龍直向隔山取氣之圖

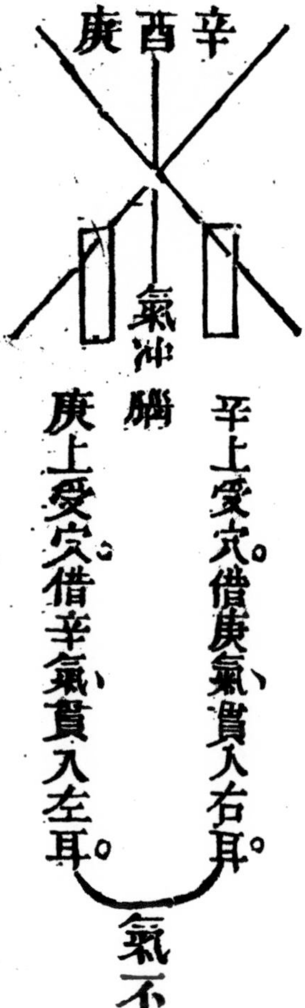

酉

辛上受穴借庚氣貫入右耳
庚上受穴借辛氣貫入左耳
氣不冲腦

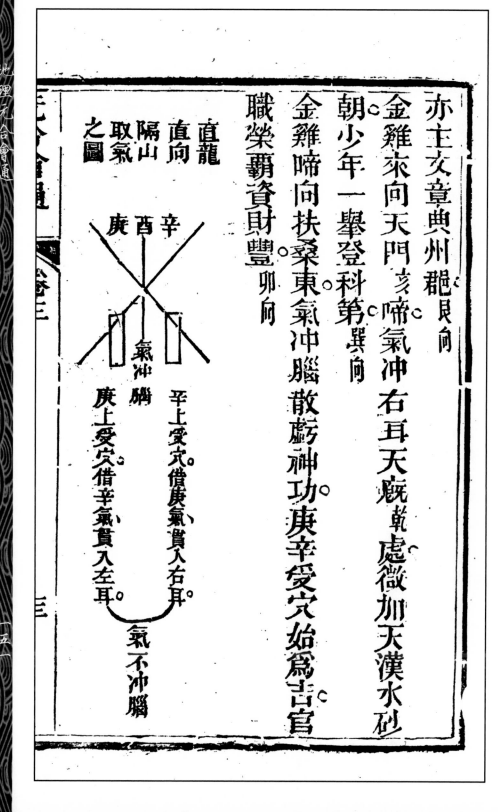

少微正向宜配丁右腰乘氣官職輕若轉天皇脈受穴右耳受氣公侯生丁向

陽權評穴午龍

催官第十穴天貴丙陽權午左氣從耳注微加南極局迴砂水合矩公侯至壬向

離山迢迢應日星丁穴右耳乘炎精午微加天貴丙毫釐位立見驟富官職榮癸向

天輔評穴壬龍

背一陌九乘天輔壬氣從右耳為合矩穴宜挨左加天皇

亥富貴榮華振鄉土午向

壬山迢迢穴天市艮天輔氣奔沖右腧穴左微侵半分亥

富貴聲名響里閭坤向

天輔穴向天官星氣從左腧通元靈穴宜挨右加陽光亦

主財富人英俊乙向

陽光評穴子龍

穴坎陽光子右耳通龍脈眞俊生英雄切忌陽光氣沖腦

家資退落應如掃午向

陽光穴坐天市艮垣氣沖右耳乃爲元穴宜挨左加天輔

壬孕產六指多田園 坤向

陰光評穴 癸龍

催官十三向元戈 坤 陰光俊美右耳過挨左微加半分月

子富貴便見風流多 坤向

陰光穴坎向陽精 午 左耳乘氣不為輕穴宜挨右微侵生

出人英俊資財豐 午向

元戈評穴 坤龍

丁穴迴環局周鎖元戈耳入氣冲左穴挨西畝微加申龍

脈精奇發如火 癸向

坎離亥極少生氣老陰不交龍不備水朝砂秀亦堪誇坤
癸離壬納於是

陽璣評穴 乾龍

亢陽無生甲從乾氣從臉入非天然陽局不奇必凶惡鰥
寡絕嗣災害綿 甲向

陽璣 乾 來龍宜向乙迢迢左氣從耳入穴宜挨左微侵婁
戌水朝局備家豪實 乙向宜挨右加亥反挨左加戌者帶二分亥氣入穴此變法也

皷盆評穴 戌龍

戌山迢迢宜向乙皷盆左氣并耳入龍行起伏向洋潮

巨富但恐人殘疾(乙向)

鼓盆龍向天甦(甲)星行偏爛燥火非輕穴挨西獸細消詳

水朝局備家貲豐(甲向)

功曹評穴(寅龍)

功曹坐艮向元戈(坤)左耳乘氣無偏頗微加用位局周全

龍脈精奇發如火(坤向)

功曹正向天關(申)星龍脈穎異穴堪親砂水不備總凶惡

寡母怪疾多生嗔(寅龍申向係直山直向宜挨艮借甲氣入耳否則氣冲腦散)

陰璣評穴(甲龍)

陰璣[illegible]穴巽向乾峰氣從右腧家興隆左右不交龍失度
鰥寡瘋疾動瘟風乾向
陰璣起伏龍向坤左耳乘氣福無窮穴宜粘左微加寅龍
奇局鎖方堪輿甲龍坤向、宜挨右加卯、反挨左加寅者皆一二分卯氣入穴論詳辰申二龍下
亢金評穴辰龍
亢金穴巽向陽璣氣從右耳爲合宜天宮乙微用穴粘左
巨富但恐無期頤乾向
亢金行度向元戈坤左腧乘氣方比和天官乙微加穴挨
左龍要精奇局要鎖辰龍坤向、法宜挨右加巽反加乙者、盡[illegible]龍顯烈加乙則[illegible]巽氣而入避

其正煞也、此後加之變法也、

天常評穴 未龍

未山起伏龍向艮天常未、氣冲右耳進穴挨左位帶丁來。

左道榮華人貴盛。艮向

天關評穴、申龍

天關申 龍坐天漢是。氣從右耳須細尋。微加天鉞坤 輔龍

行水朝局鎖人財豐。申向

申山局向瑤光癸宮。左耳乘氣力為重。元戈坤 微加穴居

左龍滑虎踞家貧榮。申龍癸向、法宜加庚、今反加坤、恐有卯謀、蓋申龍不如辰氣之烈、以宜兼

淵中穴爲妥

赤蛇評穴巳龍

赤蛇頭向天門亥。北直來直向神功剋巽丙受穴最爲良

富貴榮華人英傑。亥向

天廚評穴丑龍

金牛走向太微丙。垣氣奔左耳龍脈旋。陽樞艮微加穴粘

右水朝局鎖多田園。丙向

天廚龍向南極丁。星左氣冲耳資財豐。穴挨酉獸加陽樞

艮富貴人欽左道靈。丁向

天官評穴乙龍

天官乙坤向穴天市艮氣奔左臉乃爲利亢金微加穴粘右亦主富貴人招贅坤向

評穴總訣

氣從耳入官易期氣從腰臉官應遲耳腰乘氣有多寡氣愼勿差毫釐

賴公之作催官也其精神在辨龍乘氣挨加立向大約以艮丙巽辛兌丁爲六秀卯庚亥爲三吉故曰六秀行度渭震庚三吉受穴文武崇亥山一丈能致富巽水一

句能救貧又以五行辨行龍之凶吉如亥卯未木龍卯方起祖轉亥入首爲旺趨生亥方起祖轉卯入首爲生趨旺或亥卯方起祖轉艮寅爲生旺入臨官轉丁未爲生旺入墓皆吉若亥卯方起祖落辰巳爲衰病落壬子爲沐浴則爲凶專以起祖入首辨龍得合生旺宮冠則發福至行度中有陰陽夾雜之病亦不泥也乘氣則有耳受者腰受者無鱗甲者（如亥龍左右皆陽）隔山取者（如酉龍左右皆陰）又耳受發速腰受發遲甚爲細密其評砂以四維爲主評水以六秀爲主如水局巽峯爲臨官金局巽峯爲

長生斷其必出元魁然止可以佐課驗之用至審局立向退當以青囊爲主勿爲所拘云

地理三元合會通卷之四

益陽姚諄敎觕丞譔　　陳慕江金吾

甯鄉　楊　堃方城　　受業余　堃梓臣校

江　淸學臣　栞　　男育材成之

納水立向訣

三元三合皆水法也龍與砂次之三元者元空挨星紫白之所出三合者雙山出焉申子辰水局也坤壬乙從之坤申壬子乙辰俱屬水寅午戌火局也艮丙辛從之艮寅丙午辛戌俱屬火巳酉丑金局也巽庚癸從之巽巳庚酉癸

丑俱屬金亥卯未木局也乾甲丁坐之乾亥甲卯丁未俱屬木是謂雙山五行凡山水之由左趨右者爲左旋爲順行爲陽氣以甲丙庚壬四陽干主之由右倒左者爲右旋爲逆行爲陰氣以乙辛丁癸四陰干主之如坤壬乙申子辰六龍俱屬水左旋者爲壬右旋者爲癸壬則生申旺子而墓辰癸則生卯旺亥而墓未生旺之方山水宜高而來死墓之方山水宜低而去青囊所謂顛顛倒二十四山有珠寶逆順行二十四山有火坑也推其生旺死絕而立向以收之若得山高于旺相水敗于鬼方則爲珠寶否則爲

火坑山山皆有之亦在人能自擇耳而右旋之龍係乙木之生氣宜生寅出戌之丙水爲配乙與丙交此陰用陽朝也左旋之龍係壬水之生氣宜生子出辰之辛水爲配壬與辛會此陽用陰應也左旋陽山必有右旋之陰水交之右旋陰山必有左旋之陽水交之雌雄相配乃成融結故山與水同發源同入墓是謂結髮夫妻主幼年發越若丙水不來于寅辛水不來于子是謂半途夫婦主遲暮乃榮青囊所謂雌與雄陰陽交度合元空是也甲丙庚壬四陽干坐氣在左死氣在右故左水倒右立卯午酉子四正向

收左邊生旺水上堂使之流右邊死絕方而去合後天正局乙辛丁癸四陰干生氣在右死氣在左右水倒左立寅申巳亥四維向收右邊生旺水上堂使之流左邊死絕方而去合後天正局爲旺向若右水倒左堂局不在四維在四正則又立卯午酉子四正向左水倒右堂局不在四正在四維則又立寅申巳亥四維向謂之先天局爲生向後天者出世之生旺也由長生而沐浴而冠帶而官而旺而衰而病而死而墓則完後天之局矣故立旺向收生水上堂郭景純所謂朝于大旺也過旺以下衰病死墓皆可去

水皆訖之歸庫所謂流于四謝也先天者腹內之生旺也墓之左爲陽干絕位卽陽干受氣之始墓之右爲陰干絕位卽陰干受氣之始絕處逢生故絕爲小長生而胎而養而長生而沐浴則完先天之局矣故立生向收絕胎養水上堂出沐浴方而去水法以來水主財祿去水旺人丁四墓者陰陽相交之地如乙陰丙陽交而[illegible]戌亥則生故旺丁沐浴爲五行敗地陰陽亂交故亦旺丁其地屬文曲故曰支口而水口不能限于一隅有可借則借之乙丙丙辛辛壬壬乙丁庚庚癸癸甲甲丁同冠同墓同養同衰陰陽

相交可借其口而出如乙木旺向在寅而水倒右寅即爲丙生向水出卯爲交口出辰則借辛庫出巳則借乙交辛金旺向在申而水倒右申即爲壬生向水出酉爲交口出戌則借乙庫出亥則借辛交丁火旺向在巳而水倒右巳即爲庚生向水出午爲交口出未則借癸庫出申則借丁交癸水旺向在亥而水倒右亥即爲甲生向水出子爲交口出丑則借丁庫出寅則借癸交蓋旺向則旺以下皆可去水生向則生以下三方皆可去水三方以下則破旺矣先天主秀後天主富二者兼全乃爲大地至辰戌丑未爲

四衰向水局可左可右可來可去其不曰墓向而曰衰向
者如火墓于戌向戌則坐辰水倒右則丙火生寅隔于辰
之右丙氣不得從左而流行而戌非丙墓辰之左則庚金
之生方故戌爲庚之衰向水倒左則乙木生午隔于辰之
左乙氣不得從右而流行而戌非乙墓辰之右乃癸水之
生方故戌爲癸之衰向寅申巳亥爲左旋之長生爲右旋
之帝旺子午卯酉爲左旋之帝旺爲右旋之長生此八方
爲八干之專氣若辰戌丑未乃八干之雜氣隨左右旋而
附于旺衰爲旺之餘故爲可向直指原中以衰向爲墓向

所以見斥于前賢也凡定向必先認的水口乃可裁向以消納堂氣昔人云來源易知去口難識非葫蘆腰非犬牙織血脈盡處乃爲眞的此要訣也約而言之局有七曰橫水城朝水城織水城回水城斜水城直水城後合水城向有三曰生旺衰口有四曰庫口文口借庫口借文口歌曰水凡倒左作生圖倒右還將旺局求若遇旁朝生氣納正朝知是旺神儔回龍前水如環後右反生收左旺收又歌曰橫織斜皆生旺衰直流之向惟衰上回朝後合止生丑分而合之五百向作者就精此訣活潑潑地于巒頭家點

穴之妙用有益無礙證之三元家靜則隨方而定之理無不水乳交融若三元動則依數而行之法則隨時以取之自無不吉而發福亦速使不以三合爲本專以三元立向則冲生破旺當元時或猶可無虞出元則凶不可支矣因取水城之在南者立定局以爲式于左以證三合三元不相背爲初學隅反

水城在南立向定局

橫水城午水倒右來寅丙生去戌□丙庫立午向丙丁水多

立丙丁向丙旺向上元

橫水城午水倒左來酉坑□去巳乙戈立午向丙丁水□
立丙丁向乙生向上元
橫水城午水倒左來庚酉去乙辰辛立午向乙生上元
橫水城午水倒左來庚酉去甲卯丙立午向乙生上元
朝水城午水倒右合左來寅水去辛戌立午向丙生上元
朝水城午水倒左合右來酉水去巽巳立午向乙生上元
朝水城午水倒左合右來酉水去乙辰立午向乙生上元
朝水城午水倒左合右來酉水去甲卯立午向乙生上元
織水城刃堂午水倒右去辛戌繞向前倒左去巽巳立午

向。丙丙旺外乙生上元

織水城、內堂午水倒右去辛戌。又繞到向前倒左、去乙辰。

立午向。丙丙旺、外乙生上元

織水城、內堂午水倒右。去辛戌。又繞到向前倒左、去甲卯。

立午向。丙丙旺、外乙生上元

織水城、內堂午水倒左。去巽巳。又繞到向前倒右、去辛戌。

立午向。內乙生、外丙旺上元

織水城、內堂午水倒左。去乙辰。又繞到向前倒右、去辛戌。

立午向。內乙生、外丙旺上元

織水城內堂午水倒左去甲卯又繞到向前倒右去辛戌。立午向丙乙生例丙旺上元。
回水城、午水倒右去辛戌。繞後去甲卯、立午向。丙旺上元
回水城、午水倒右去辛戌。繞後去乙辰、立午向。丙旺上元
回水城、午水倒右去辛戌。繞後去巽巳、立午向。丙旺上元
回水城、午水倒左去巽巳。繞後去辛戌、立午向。乙生上元
回水城、午水倒左去乙辰。繞後去辛戌、立午向。乙生上元
回水城、午水倒左去甲卯。繞後去辛戌、立午向。乙生上元。
斜水城、左來艮寅右來庚酉合流同去右角未坤方立午

向丙旺上元
斜水城右來庚酉左來艮寅合流同去左角巽巳方立午向乙生上元
後合城午水上堂倒右繞後合左水去乙卯立午向丙旺上元
後合城午水上堂倒右繞後合左水去乙卯轉去辛戌立午向丙旺上元
後合城午水向右合左水去戌轉去卯立午向丙旺上元
後合城午水向左繞後合右水去戌立午向乙生上元
後合城午水上堂向左繞後合右水去戌轉去甲卯立午

向上元乙生
後水城午水向左合右水去卯轉去戌立午向上元乙生
以上諸局丙丁水多者宜立丙向丁向生旺元同
橫水城未坤水上堂倒右來寅去戌轉立未向坤水多立
坤向下元丙衰
橫水城未坤水上堂倒左來子轉去辰轉立未向坤水多
立坤向下元辛衰
纖水城內堂未坤水倒右來寅去戌外堂倒左來子去辰
立未向坤水多立坤向下元丙辛衰

織水城內堂未坤水倒左來子去辰外堂倒右來寅去戌立未向坤水多立坤向辛丙衰下元

斜水城未坤水上堂來艮寅去庚申立未向坤水多立坤向丙衰下元

斜水城未坤水上堂來子癸去午丁立未向坤水多立坤向辛衰下元

直流城右來壬子左來艮寅上堂去未坤立未向坤水多立坤向丙辛衰下元

橫水城巽水倒左來庚申去癸丑立巽巳向丁丑中元

橫水城巽水倒右來艮寅去丙午立巽巳向庚生中元
橫水城、巽水倒右來艮寅去丁未癸立巽巳向庚生中元
橫水城、巽水倒右來艮寅去坤申丁立巽巳向庚生中元
朝水城、巽水倒左合右來庚申水、去丑立巽巳向丁旺中元
朝水城、巽水倒右合左來艮寅水去午立巽巳向庚、生中元
朝水城、巽水倒右合左來艮寅水去坤申立巽巳向庚生中元
朝水城、巽水倒右合左來艮寅水、去丁未立巽巳向庚生中元
織水城、內堂巽水倒右去丙午繞向前倒左去癸丑立巽巳向丙庚生、劫下旺中元

織水城內堂巽水倒右、去丁未。繞向前倒左、去癸丑。立巽

巳向。丙庚生外 丁旺中元

織水城內堂巽水倒右、去坤申。繞向前倒左、去癸丑。立巽

巳向。丙庚生外 丁旺中元

織水城內堂巽水倒左、去癸丑。繞向前倒右、去丙午。立巽

巳向。丙丁旺外 庚生中元

織水城內堂巽水倒左、去癸丑。繞向前倒右、去丁未。立巽

巳向。丙丁旺外 庚生中元

織水城內堂巽水倒左、去癸丑。繞向前倒右、去坤申。立巽

巳向丙丁旺外庚生中元
回水城、內堂巽水倒左○來庚申、去癸丑○繞後去丙午、立巽
巳向○丁旺中元
回水城○內堂巽水倒左○來庚甲、去癸丑○繞後去丁未、立巽
巳向○丁旺中元
回水城、內堂巽水倒左○來庚申、去癸丑○繞後去坤申○立巽
巳向○丁旺中元
回水城、內堂巽水倒右○去丙午○繞後去丑○立巽巳向○庚生中元
回水城、內堂巽水倒右○去丁未○繞後去丑、立巽巳向○庚生中元

回水城內堂巽水倒右去坤申繞後去丑立巽巳向庚旺中元

斜水城右來庚申左來艮寅合巽水同去左角乙辰立巽巳向丁旺中元

斜水城左來艮寅右來庚申合巽水同去右角丙午立巽巳向庚旺中元

後合城離巽水上堂向左繞後合右來水去庚申立巽巳向丁旺中元

後合城離巽水上堂向左繞後合右來水去庚申轉去癸丑立巽巳向丁旺中元

後合城離巽水上堂向左合右來水去癸丑轉去庚申立
巽巳向中元丁旺
後合城離巽水上堂向右繞後合左來艮寅水去癸丑立
巽巳向中元庚生
後合城離巽水上堂向右繞後合左來艮寅水去癸丑轉
去庚申立巽巳向中元庚生
後合城離巽水上堂向右合左來艮寅水去庚申轉去癸
丑立巽巳向中元庚生

消砂立向訣

青囊云更有諸位高峯起尖秀高員要得位長生高聳旺八丁旺位起峯財祿聚此砂法也外此有吳公四十八局雙山五行法也鐸長老三十八將洪範五行法也然廿可以辨天成之凶吉古人言砂獨言消者以大地多帶殺風此中須有作用存耳惟賴公宿度砂訣襟操在人按之無不神驗南唐何令通謂地無精氣以星氣為精氣誠至言也法以中針向上之度為主角斗奎井屬木亢牛婁鬼屬金氐女胃柳屬土房虛昴星心危畢張尾室觜翌俱屬火

箕壁參軫屬水如局中有高大星峯須對其在中針何度砂度屬木向撥火度木生火爲生爲食神向撥木度爲比爲旺神向撥金度金剋木砂爲奴皆吉向在水度水生木砂爲洩向在土度土受剋于木砂爲煞皆不吉故見金火二砂立水度向撥金砂爲生火砂爲奴也八木土二砂立金度向撥金砂爲旺土砂爲生也見金木二砂立金度向則一爲旺一爲奴也立火度向則一爲奴一爲生也見水火二砂立水度向則一爲旺一爲奴也立土度向則一爲奴一爲生也至砂有高有低有大有小須撥高

者大者居吉位而于本山之來龍尤爲吃緊砂有遠有近
有身有尾須擇其近其身居吉位而于其開面有情者尤
爲吃緊又須兼論四吉之如見木金土吉形砂擬于吉位
發福最大所謂生見貪狼輸兆客生見巨門台閣早大
金水尚書令廉貞破祿鎮邊庭生見文曲爲小貴淺
奴依例明是也故砂有蛾眉鳳凰鶴鵝鞍鳥等形要生帶
旺則屬男或男尚公主蹋旺衝剋則屬女或女作宮妃又
度有初關中關末關之別如寅火十七度以上一二度爲初
關爲進氣八九度爲中關爲旺氣十六七度爲末關爲退

氣看其何關陡健明亮何關逶迤偷過何關粘連帶起輕
重遲速俱從此辨大抵有生無旺爲有官無祿貴者不富
有旺無生爲有祿無官富者不貴又或生而帶殺則貴者
戮身旺而帶殺則富者遭禍若殺低小則無子又或生而
帶洩主發科甲善詩文居官清廉子孫貧絕又砂有虎
尤須分別生在內煞在外是我殺人也煞在內生在外是
人殺我也煞先到生後到先否而後泰生先到煞後到方
盛而遭刑洩先而小旺後而大始貧終富旺先而大洩後
而小始富終貧又或煞洩先近而大生旺後遠而亦大主

本支貧絕承接房分鼎盛如在左則長絕仲承在前案後坐則仲絕三承無三則長承在右則三絕四承無四則仲承在左右之前則四大受殃在左右之後則長三罹咎又或殺在外生在內竟不爲害者如金向內砂土外砂火火土毫連火生土土生金也又穴點龍氣旺處煞多不屬亦不大害穴點龍氣弱處者反是且觀砂之遠近可斷發福之遲速吉砂近穴有情流年塡實其方卽應又有銜鈎之法以決禍福之期如立巽宮木度向辰方金煞衝砂尖銳金剋木爲煞斷申年戌月損人以申鈎辰戌衝辰故也

若立巳向屬水則又生人發貴又丙宮火度向亥方水度有煞亥年塡實亥係內白虎應損小房人而寅與亥相合竟釣入長房寅月損人曾見煞砂在申橫死不在寅申年月而竟應在巳亥者衝釣之內帶刑奪故也然亦必年月之驛馬動方始應又如子山丙向辰爲奴砂申年月應六財利忽損人口辰子拱申水砂爲煞故也丙向艮爲食神遇辛年月主病耗倘生人則出聰明敗蕩之子艮丙拱辛土砂爲洩故也又金山向巳丑兩峯高起酉砂平伏太歲至酉己丑兩位高峯拱起酉火爲煞土山向甲丁兩山高

起乾砂平伏太歲至戌亥塡實乾方甲丁兩位拱起乾木爲煞此二者爲暗煞若龍旺局美主生威武顯要之人龍弱力輕則生豪惡之輩或損人丁凡看四維砂局如乾砂在初關形勢親亥則亥年月應在末關形勢親戌則戌年月應在中關形勢正在乾則甲年月應總之在天看星八在地看形勢則吉凶立見若論公位一子獨管二子則廿四位左邊六位屬長右與朝坐共十八位俱屬仲三子則長占左六位季占右六位仲占朝坐十二位若有四子則四居左前長居左後有五子則五居主星二居朝案有六

子則六居右前三居右後凡六子宮位如青龍從坐山過去為長房之砂從案山過來為四房之砂白虎從坐山過去為三房之砂從案山過來為六房之砂如子午向艮寅甲為內青龍屬長卯乙辰為外青龍屬四乾戌辛是內白虎屬三酉庚申是外白虎屬六巽巳丙午丁未坤屬壬子癸丑屬五按此砂訣賴公原以宿度為主今羅盤所製度猶是公所用南宋甯宗時開熙歷也後鐔長老以乾坤艮巽配木宿屬木乙辛丁癸配土宿屬土辰戌丑未配金宿屬金子午卯酉甲庚壬丙配日月屬火寅申巳亥配

水火至張九儀始以寅申巳亥專屬水蕖九升何揄秀尊皆因之然星度有今昔之殊多寡之異斷以中針向上今臺歷宿度爲准

地理元合會通卷之五

會稽姚詩教楠丞譔　受業　族　廉教吏仙

甯鄉　楊　堃方城　運鴻敬亭校

江　清學臣　瑹　孫振鵾珊翼

小元空卦說

元空者、向水之總名也。水色黑、故稱元。向朝空、故曰空。青囊敘云、若論元空分五行、知得榮枯死與生。丙丁乙酉原屬火、乾坤卯午金同坐。亥癸艮甲是木神、戊庚丑未土爲眞。子寅辰巽辛兼巳、申與壬方屬水神。經云、天關開財祿之源地軸濬化生之竇蓋來水爲天關去水爲地軸審明堂水之來去有情無情以斷何年之興廢也法以周尺魯班尺八寸爲一尺四尺五寸爲一步一步管三年如逢鍼丙向雙山屬火於明堂丙向上逆量來水到屈曲處得正鍼之甲元空屬木生丙向之火爲生入得正鍼之寅元空屬水射丙向之火爲尅入生入尅入爲有情算該幾步到何年必得祿若是卯水屬金丙火剋之爲剋去丑水屬土丙火生之爲生去剋去生去則無情算該幾步至何年必耗財及于丙向上順量去水得辛屬水爲剋入得亥屬木爲生入

算至何年必發丁得坤屬金爲剋去得庚屬土爲生去算至何申必損丁故縫鍼巽庚癸巳酉丑六金向得戌庚丑未水爲生入丙丁乙酉水爲剋入吉子寅辰巽辛巳申壬水爲生出亥癸艮甲水爲剋出凶坤壬乙申子辰六水向得乾坤卯午水爲生入戌庚丑未水爲剋入吉亥癸艮甲爲生出丙丁乙酉水爲剋出凶乾甲丁亥卯未六木向得子寅辰巽辛巳申壬水爲生入乾坤卯午水爲剋入吉得丙丁乙酉水爲生出戌庚丑未水爲剋出凶艮丙辛寅午戌六火向得亥癸艮甲水爲生入子寅辰巽辛巳申壬水

爲刻入吉。得戌庚丑未水爲生出。乾坤卯午水爲刻出凶。
青囊云生入刻入爲進神。生出刻出爲退神。此小元空之用也。

大元空卦說

葉氏云。青囊是論四卦三合小元空。天玉是論三卦四經大元空。青囊重收生旺。天玉專辨清純。而其註天玉經父母卦也。分江東江西江南北爲三卦。謂自寅至丙八位爲江東卦。自申至壬八位爲江西卦。午丁未坤子癸丑艮爲江南北卦。東西十六位其一父母。南北八位其一父母。以釋二十四龍管三卦之義其言大元空也分金木水火四卦以乾丙乙子寅辰爲一龍金巽辛壬午申戌爲二龍木艮丁庚卯巳未爲三龍水坤癸甲酉亥丑爲四龍火八神四個一者江東八位其中寅辰乙丙爲大元空之一龍也八神四個二者江西八位其中申戌辛壬爲大元空之二龍也大元空以金木不犯水火水火不犯金木爲清犯則爲駁三卦之法東西之龍行度只宜東西若入南北卦爲龍不純立向只宜東西若立南北向爲向不純水步只宜東西若走南北方爲水不純大元空之法一二金木之龍

行度只宜一二若折三四卦爲龍不純立向只宜一二若立三四向爲向不純水步只宜一二若流三四方爲水不純或龍向水俱在一龍之內如辰龍乾向水自寅來出丙而去俱在一金之內謂之聯珠格更妙此二家分用之法又有二家互用之法如東西之龍向水不特不犯南北只宜行大元空一二之內並不犯三四之水火此乃淸中淸爲尤吉故曰八神四個一四個二于東西卦中另指出一二金木者此意也若東西爲主或犯南北止犯南北之一二木犯三四南北爲主或犯東西止犯東西之三四不犯

一二爲濁中清其說不免穿鑿不若蔣氏之以三元分三卦以天卦爲父母之直捷也近世傳有元空秘斷以三元水法爲主暗融三合之意于內極爲靈驗第係鈔本不無訛錯予爲增潤並加註釋以爲斷驗者之要訣謹錄于左

元空秘斷

不知來路豈知入路盤中八卦皆空（言扦穴須看來龍不徒格入手一節）未識內堂焉識外堂局內五行盡錯（言立向須重內堂不在會外洋大勢）一天星斗應用祇在中央千瓣蓮花芬芳止此根蔕（坐穴以天星爲要）銷砂以經度爲主乘氣脫氣轉禍福于指掌之間左挨右挨辨吉凶

于毫芒之界。立向重乘氣左右挨加必合透地耳臚之法夫婦相逢于道路。尤嫌隔水不逼情。男女既屬夫門庭。最忌瀆非孝義。龍與水要雌雄交媾向與水要陰陽比和卦爻雜亂。異姓同居。瀲灩半黎螟蛉為嗣。龍向水不宜駁雜。火燒天而鶕張相鬭。家生訴誶之兒。風行地而鰥直難當室。有勃谿之婦。乾坤為父母離巽為子女離水坐乾火剋金巽水出坤木剋土主出忤逆震為乾父所剋。男不招兒。坎為坤母所傷。子難得嗣。卯向卯水倒左為癸生向出乾則破旺倒右為甲旺向出乾則衝破養生方子向子水倒右為辛午向出坤則破旺倒右為壬旺向出坤則衝破養生大文金剋木土剋水故絕嗣兩卦相淆生逆子。東西兩卦山水淆亂木吉單龍結穴出鰥夫。山與水交媾如子山乾艮無水是無配偶主鰥丑未巽局瓷僧尼震巽失宮招賊丐丑時應未向未時應丑向震巽係東卦零正失時不吉、兌位明堂破震應罹吐血之災翻卦兌山震水為破軍震山兌水為破軍明堂震兌合聚金剋木主血疾巽宮水路纏乾擬獲懸梁之忌巽為繩乾為首巽水入乾主自縊、雞鼠交而傾瀉每犯徒流雷业出而相衝定遭桎梏西乃二黑之催官子乃六白之催官震乃下元之水離乃上元之水忌一時相交相衝值廉貞而火災頻見逢破軍而身體多虧見文曲而蕩子無歸遇祿存而瘟癀並發言破祿廉文各有司令之用非其時則如其星以斷之午酉逢而江湖花柳山風值而泉石膏肓午酉俱屬沐浴方若午酉合流午山見酉水酉山見午水皆主淫艮乃上元之水巽乃中元之水不宜混雜相值山地被風吹還生瘋疾風雷因金死定被刀兵。坤向坤水出卯為正局出于亦吉若來巽出坤乾來坤出巽主女人瘋疾艮向艮水出酉為正局出午亦吉若來巽出艮來艮出巽主少男瘋疾震巽係東卦兌為西卦震巽向兌水往來是金水剋木向大凶無家室之可依奔走於東西道路少姻緣之作合寄食於南北人家。生山成水成山生水是男女配偶家室姻緣不如此則不合局木傷土而金位重重禍須有救。土制水而木星疊疊災亦難禳坤山見震巽水相剋得乾兌水制之尚無害坎山見坤水相剋得震巽水制之亦多禍非類相從家多淫亂因親而合。世出賢良。言龍向水皆宜一家骨肉。我告。之而反被其殃。生臨殺而殺死。我剋之而反蒙其惠遭法網而更生酉向酉水合坎水出巽是金生水水生木也然酉金生巳流破生方主產難卯离艮水入東西混雜主凶幸有卯水制之合流入坤為催宮位化凶爲吉陰邪滿地，戌羣紅紛塲中快樂。火曜連珠相値，青雲路水。生遥。巽離坤兑四女卦山水純陰混雜並列主淫丙丁爲火曜丙向丁水明出巽爲連珠格上元文。設詳文司馬水法丙臨文曲，丁近傷官，八財因之耗散。癸爲元龍，壬號紫氣，昌熾各有攸司。貪以申爲文昌丁以坤爲傷否丙丁向見坤申水上堂大凶。壬癸有陰陽之分立向收水亦須有別生方反背無情，後人不肖。生位端方拱揖。賢嗣承宗。生旺方位砂水拱揖有情又得旺時必吉火見土而出頑鈍愚。夫木見火而鍾聰明奇士。離山雜艮水離向見坤水火土混雜主頑鈍若巽山見離水乃地四生金天九之催官故吉火若剋金兼化水，每經回祿之災。土能制水又生金。自主田莊之富。如下元兌山見離水剋兌金出坎離坎水能剋離火而坎離相合洩兌金之氣愈使兌山無力離被坎剋而角力而火忿甚上元坤山最怕坎水得艮土制之而出酉酉爲坤催官艮土生之故發重重剋入。立見死亡、位位生來。連添財喜。零神作正神正神作零神則凶、龍向水皆得生旺則吉健而動。順而動。動非佳兆。止而靜。翕而靜。靜圈不宜。言砂飛水走非吉穴負稞大南貧頓見。廳堂再煥。驅車朝北闕。時聞丹詔頻來。巽爲木、艮爲貧、坤爲大輿、坎爲水、關龍自巽來、火艮作艮山、自坤來作離山朝坎。合挨星大吉遇正配而一。發采蘭之慶。宅有得干神之雙至。折桂之歡則多。言得陰陽交媾、如子山午向、水自乾方爲正配、庚向兌水丙水去丑丙向丙水庚水云戌皆是雙。口。川干神雙收主貴土涸水而木旺無妨。金伐木而火鄉能忌。卯艮山坤向坤水與坎水入堂出震午山子向坎水與坤水入堂出巽坤土制于卯巽不剋水也一向衰向一係旺向卯山酉巽山乾水來酉乾離火制金不剋木也一係生向一係衰向皇聯奎壁啓百有之奎章胄入斗牛積千箱之玉帛星在午奎壁在乾亥子山丁水出乾是也胄在酉斗牛在艮卯山酉水出艮是也一合寅午戌局立旺向一合巳酉丑局立旺向故吉離丁逢子癸壽產英男天市合坤申朗當敵國言午丁水雙朝立子午兼癸丁向上元發貴天市垣在艮寅艮山坤向坤申水特朝出卯下元發富貴倂王謝水令喬木扶蘇富比陶朱土助兼金堆積木迎水生乾山巽水出坎也土遇金生坤山艮水出兌也四生有合旺重人文寅申巳亥爲四生如丙火生寅立午向寅水上堂合元運出貴四柱無衝裕饒田宅乾坤艮巽爲四柱水上堂無沖剋合局合元出富砂水斷驗承所謂四庫水來主驛富是也辛比庚而辛更粹美乙附甲而乙益秀靈辛庚乙甲皆有分陰分陽

之妙須較量龍向四旺墓凶當看卦而酌其用四墓非吉水勢以立局乃吉須因時而損所裁欲知禍福灾祥妙在心思眼力窮神盡化庶乎近之

砂水斷驗歌訣

第一歌是貪狼天市垣居艮方艮爲貞下起元處四柱高撐地始良砂如樹積水灘左奄貪廉饒富難量砂姐低小水澆亘亦當溢飽艮田莊丙龍週丁少水發貴興發未

次第男三衰辰戌龍見出鰥寡悖逆多招僧作埜

不是六歌兌武曲兌應少微西金宿西砂酉水秀而清丁艮

西男郎富巽兌雙生女漸貧破局咸池生黃腫投河自縊
罪皐貪癸壬混流多鰥寡女禍無端到弟昆
亥龍貪驗之亦須水朝或凝聚破局敗家或火燒雞向化
之多災咎丙同午位並流來午戌年見回祿
第二歌歌巨門巽爲地戶乙辰巽砂巽水遶辛亥戊年
入試冠羣英巽方君見雙峯起兄弟聯芳入翰林庚卯二
龍砂拱巽出人從書武超羣巽砂君使似蛾眉男爲駙馬
女爲妃因女致富因妻貴皆因巽水特來歸巽丙丁來號
三陽最喜朝來入鬼鄉東震西庚皆鬼位義門壽考福無

疆巽水雖然剋艮龍縱無壽算也豐隆巽艮兌兮丁巳丑
丁巳艮巽酉艮辛巳向剋巽水冷退抱花山見長淫風
辛峯天乙司文章翰林學士艮龍光巽龍年少登科第狀
元魁首姓名揚辛水朝來進金寶亦主如花女人好穴乘
艮亥卯龍神水朝砂秀登科早丁巳艮巽酉艮辛破局冷
退八不曉

第三歌係祿存乾居亥極號天門水同砂詳出豪傑龍神
最毒乎坤甲離龍辛輔辰龍貴馬上金階龍躍門乾居卦
日甲干首發福卓巽于辜龍破局多招跛且瘋鰥寡繼贅

絕嗣宗乾亥雙朝人失血戌乾暗啞並盲聾艮丙巽龍見
乾水穴與財分緩急臨乾水朝時禍速至乾水去時禍緩
尋
甲水甲砂乾龍吉年少登科又得意破局跛癱雜卯瘋峯
欲求務與畫筆寅甲有墩出師巫若使員長主博弈
第四歌文曲分壬與寅戌卯南離離水富豪又貴顯壬子
癸龍甚合宜離水去來俱驟發時至離鄉是發期離峯獨
出招回祿乾壬泄制產英奇破局咸池及火災子午軍賊
劫貲財若右員墩火災兒又主目盲並墮胎巳丙向中年

水見陰八吐血常懨懨午水若從酉口流卯艮龍見淫目
羞乾龍午水爲殺曜位合先天不甚愁
壬水驟發愛午龍砂清水秀出公卿單壬納粟血財興坤
龍亦作催官論壬水來時居家發壬水去時離鄉興亥艮
壬兮離艮亥黃腫落水一明極
寅水下莊愛乙龍水來水去離鄉興破局寅爲艮八煞瘋
盲虎咬血瘦貪甲有墩出巫祝員是傳葬遠馳名
戌水丙龍富驟發戌應奎宴出科甲間招回祿聾與盲破
局卯爲鼓盆殺卯龍喑啞向戌與艮龍聾盲向坤發丑未

為應太微多福壽艮龍如遇催官速丙丁赦文山水朝犯見出旦向敎肴砂如印笏作公卿槐樻之形尤當是辛酉常已出水敗眼珠凹陷深庚戌宮中咎燥少庚向居穴見事與

第五大廉貞鬼震應雷門陽衡位震水特朝縣富興庚龍應產英雄類庚卯峯高主大權坤艮卯癸並亥未庚卯亦艮乙與坤申艮庚亥震艮申姦盜頓興由破局定遭殺戮與曆刑

庚為天漢震催官去來俱富發武弁庚砂高似兜鍪様主

生大將鎮邊關庚砂尖似判筆形艮亥行龍折獄清庚砂
壽聳巽龍見爲官清正播芳名卑庚破局產強人全憑偷
竊以營生壬龍丙向庚招穴定生強盜作頭名庚申冲射
殺人殺害衆成家得丙丁
天皇積善旺丁祿卯巽龍逢時日足離龍艮亥亥艮壬申
艮庚亥爲破局少年吐血瘵癆規主昏還橫禍灾輕
未水借邪人發財卯龍未水分去來未來雷擊家甲蟄聲
去雷响山古獻秀水特拱登穴見之福始長艮長寅癸寅
箇艮水破砂陷貴休詳

偺局易且速巽龍酉水殺相侵酉方山陷卯巽凶如逢子
午辰戌龍酉水來去玷閫風辛酉混胡兩相畏雞富剋妻
害癆膏
丁爲南極老人星與丙同來收赦文男孝女賢多壽考破
局腹痛禍家庭陰龍遇此皆向祿射策金門是酉龍水朝
砂秀魁第一龍來艮亥喜相逢
巳旺丁財號天屏卯龍巳水巨富興巳起貝墩號金印艮
亥行龍最喜逢破局吐紅損年少或見蛇傷所肖應丑龍
水成乙包水暗金曜氣兩遭凶巳偕巽水以俱溜水剋水

巳水成逢來剋巽水財退多巽向巳水丁難救龍向剋水
禍緩輕水剋向兮禍重速壬亥艮寅兼乙卯庚申辛酉同
象究巳屬長生與亥偕巳爲地戶最宜開陽龍水口巳砂
塞婦人不孕絕嬰孩陰龍水口巳墩起縱然懷孕也墮胎
丑流信佛曳生田破局稽巫氣寡兼辰戌龍見癩盈首兒
畏巳兮午丑逢巽龍丑水冀歷向四墓魚袋扛屍凶丑方
若有尖來兌乙坤龍見產屠翁
第七歌號破軍北方坎納癸申辰坎癸水朝生六指離龍
大穴近君門陽龍坤離陰巽兌定然發福是雙生坤離雙

未特來卦不准水不朝。凝斷不靈。四庫水來主縣官。四
並耳。絕產英雄。四長生破主夭折。四沐浴來主宣淫。丑未
申爲生位左。財丁破局虛癆損妙齡。坎龍酉水扞暖庚卯
煞爲官官位會。卯龍申水扞漢向逃亡絕滅苦遭刑。
大旺財產是辰。水來去咸宜沖墓位。乾龍得此稅糧多破
局瘋癲並落水。坎龍犯煞落水亡。酉龍暗啞缺唇齒。丑未
龍生痼疾人魚徙砂見主路死。甲辰位上是天罡。甲向辰
水最可耻。
第八歌。輔兼弼。地母卦排坤與乙。坤主財穀極豐盈。寡母

趨家多蓄積乙癸乾離四龍神喜逢坤水坤砂揖男爲將軍女爲將亂峯低小亦官籍破局坤朝少寡孤掀裙砂供女淫汚若有員峯盂鉢樣定生和尚與尼姑坤申並朝福祿齊坤水卯龍定剋妻坤兼未水混流入廉貞八殺兩相隨未必坤多遇陽局每見男女吐血亡未多坤少遇陰局女人失血甚悲傷

乙逢坤脈更一哲乙見辰龍貴一般乙又雙朝多繼產贅得妻破富且歡破局主生手足疾多女螟蛉或贅繼乙卯同來定損妻乙辰投河並自縊

忌來戌流注。少亡悖逆不忠。怨戌方若有尖刀砂。庚酉辛龍
維山都亂。午戌破局壞眼睛。或砂或水甚分明。砂患眼珠
水邪佛信巫午羊。能翊丑戌砂尖唇創。其子午盜賊及唇黃
四生吐血午乾坤辰戌同乾啞聾午戌同乾寅。瞎寅申乾甲辰
多瘋。妙癸六指丑未瘸乾甲跛能辰缺唇。子午巳墩胎屢
墮四墓尸山路死人。

昔賴太素寓紹興三年。無有知者。乃將卦氣斷驗訣留
存鉄工家。焦氏仁山得之。往餘杭行業人奉之若神明。
其書乃催官龍穴砂水四篇真詮。賴公星學一生得力

處也張氏配以輔星地母卦作爲歌訣俚重複拖沓不清難于尋繹予本其義而更其詞刪繁就簡條縷分明更加以精確有驗之訣末復總括其義俾學者便于記誦焉

司馬頭陀水法 公姓劉名潛宋哲宗時南康府人官旦乃髮出家自稱司馬頭陀

蔣氏三元水法本司馬氏水法而出司馬氏因靑囊有貪狼祿馬小神大神之格知天干氣淸地支氣濁而有煞逢太歲冲動則凶乃著水法悉本三合而用干維取氣之淸也直流格云巽坐水流乾上去金水相生富且貴若流辛

戌亥壬方失火流離遭徒配乾山巽水出高官來水去水
總一是水來徃來去見男孤女寡出貧寒坤山艮水出
富豪爲官爵更清高丑寅支戌人瘟瘴虎咬幾番
遭艮山坤水還主富廣置田園丙徃法一意申未兩宮流
典賣家貧並絕曰此正鏡乾巽坤艮串縫鍼戌辰丑未向
左右八干同歸向上是三合裏向水法蔣氏推衍之謂天
元向水之來去宜在天元地元人元向水之來去宜存地
元人元卽此法也祿馬御街格云乾宮正馬申方求借馬
原來丙來遊辛是乾宮之正祿三方齊到福無休巽辛正

馬甲正祿艮丙馬兮祿乙摟坤是乙來為正馬丙為正祿
更宜求訣以坤申庚為陽金酉辛戌為陰金乾亥壬為陽
水子癸丑為陰水艮寅甲為陽木卯乙辰為陰木巽巳丙
為陽火午丁未為陰火陽向從本五行長生上起青龍順
加六神于地支陰向從本五行大墓上起青龍逆加六神
于地支俱以元武前一位為御街如坤申庚子癸丑六向
乾為御街申坤水是正為辛水是正祿丙水是借艮馬上
街酉辛戌巽巳丙壬水向坤為御街得乙水為正馬丙水為
正祿丁水是借兌馬上街乾亥壬卯乙辰六向艮為御街

得丙水爲正馬乙水爲正祿辛水是借巽馬上街艮寅甲
午丁未六向巽爲[illegible]兜街辛水爲正馬甲水爲正祿乙水爲
借坤馬上街來貴將公本此遂將二十四位陰陽條樣改
換云陰不是陰陽不是陽亦緣飾之詞也司馬公貪狼格
云巽庚癸與乾甲丁坤壬乙與艮丙辛四貪狼格眞奇異
定出登科及第人巽庚癸者正鍼庚向串縫鍼申向癸水
上堂倒左出巽合子申辰局乾甲丁者正鍼甲向串縫鍼
寅向得丁水上堂倒左出乾合午寅戌局坤壬乙者正鍼
壬向串縫鍼亥向得乙水上堂倒左出坤合卯亥未局艮

丙辛者正鍼丙向串縫鍼巳向得辛水上堂倒左出艮合酉巳丑局此四陰干之旺向生水上堂出墓而去立正鍼甲庚丙壬串縫鍼寅申巳亥向也三奇格云乾癸坤辛正是奇艮乙巽丁過度時若是相逢依順逆爲官早折桂中枝乾癸者丙向得癸水上堂倒右出乾也坤辛者甲向得辛水上堂倒右出坤也艮乙者庚向得乙水上堂倒右出艮也巽丁者壬向得丁水上堂倒右出巽也此四陽干之旺向生水上堂出墓而去立正鍼甲丙庚壬串縫鍼甲丙庚壬向也三合連珠格云辛入乾宮百萬庄癸歸艮位發

文章乙向巽流清富貴丁坤終是萬斯箱甲乙艮兼丙丁巽庚辛坤與壬癸乾貴人三合連珠水三合連珠爛了錢辛入乾者辛向庚水上堂倒右出乾癸歸艮者癸向壬水倒右出艮乙巽者乙向甲水倒右出巽丁坤者丁向丙水倒右出坤甲乙艮者甲向乙水來朝倒左出艮丙丁巽者丙向丁水來朝倒左出巽庚辛坤者庚向辛水來朝倒左出坤壬癸乾者壬向癸水來朝倒左出乾此正鍼乙辛丁癸甲庚丙壬向左右兼加俱可經云奇貴連珠並祿馬三合貪狼貴無價小神流短大神長富貴聲名滿天下乙辛

丁癸是小神甲庚丙壬是中神乾坤艮巽是大神司馬氏
發明其義總以乙辛丁癸甲庚壬丙立向以乾坤艮巽去
水悉合三合生旺衰向水法是善于用楊公之法者也爲
立定局于左

左水倒右局

乙丙坤　丁庚乾　辛壬艮　癸甲巽

乙丙乾　丁庚艮　辛壬巽　癸甲坤

上字是水源中字是向下字是水口餘倣此此八局要
串縫鍼甲丙庚壬向忌串寅申巳亥向

乙丁坤　丁辛乾　辛癸艮　癸乙巽
乙丁乾　丁辛艮　辛癸巽　癸乙坤
甲乙巽　庚辛乾　丙丁坤　壬癸艮
以上十二局左右兼加俱可
甲丙坤　丙庚乾　庚壬艮　壬甲巽
甲丙乾　丙庚艮　庚壬巽　壬甲坤
以上八局宜串縫鍼甲丙庚壬向忌用寅申巳亥向
甲丁坤　丙辛乾　庚癸艮　壬乙巽
甲丁乾　丙辛艮　庚癸巽　壬乙坤

以上八局左右兼加俱可

右水倒左局

乙壬乾　癸庚坤　辛丙巽　丁甲艮

乙壬坤　癸庚巽　辛丙艮　丁甲乾

以上八局宜串縫鍼寅申巳亥向忌串縫甲庚丙壬向。

乙甲艮　丁丙巽　辛庚坤　癸壬乾

乙癸乾　癸辛坤　辛丁巽　丁乙艮

乙癸坤　癸辛巽　辛丁艮　丁乙乾

上前八局左右兼加俱可後四局宜加辰戌丑未

甲壬乾　壬亥坤　庚丙巽　丙甲艮

甲壬坤　壬庚巽　庚丙艮　丙甲乾

上八局宜串縫鍼寅申巳亥向

甲癸乾　壬辛坤　庚丁巽　丙乙艮

甲癸坤　壬辛巽　庚丁艮　丙乙乾

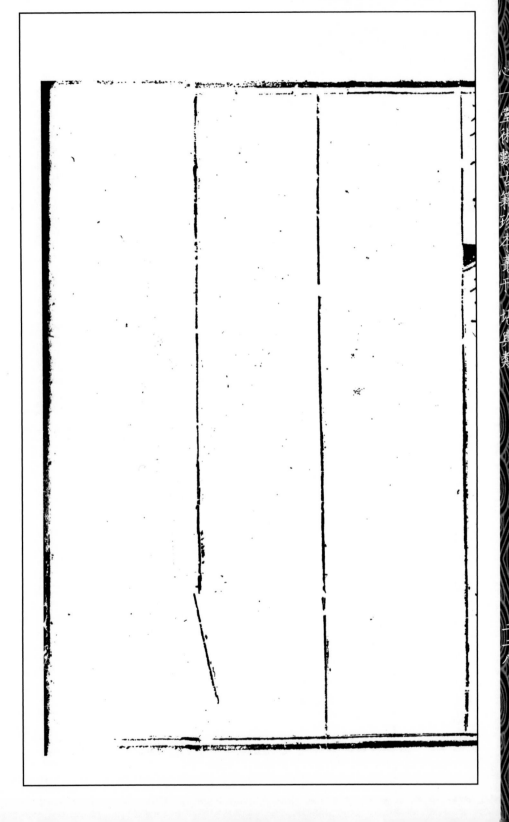

地理元合會通卷之六

益陽姚諄敎舸承譔　　余兆奎梅評

甯鄉楊　堃方城　　受業湯懋官載翥校

江　清學臣棐　　孫振鵬輔貳

輔星挨星源流總說

昔人謂不明八山則不知吉凶之位不明九宮則不知興廢之時二者實交相為用八山輔星也從本局向上起星以貪巨武為吉合天定卦三合家用之九宮紫白也以本局星入中飛佈以生方旺方為吉合挨星卦三元家用之

九宮得運之局。得運之水。合八山之吉則必發。但陰宅重水。陽宅重門路。而八卦方位須合先後天納甲參用。若不通會其源流。而專執其師之一說以相取。則不合。而不驗者多矣。蓋二者皆取貪巨祿文廉武破輔弼九星配用。先賢隨時取義。顛倒變易。各借以明其意之所在。予為博考而剖析之。庶執一者可知所從矣。九星取義於北斗。原屬渺茫。昭代裴書已明斥為星曆家好奇之說。楊公筠松借以言巒頭。證明五星之兼體。極為精確。詳載撼龍經。實為堪輿家不祧之祖。而以貪配一白。坎。巨配二黑。坤。祿配三碧震文配四綠巽廉配五黃中武配六白乾破配七赤兌輔配八白艮弼配九紫離始見於幕講師所傳之玉鏡正經令之用挨星者首用此法也青囊奧語載坤壬乙文曲從頭出艮丙辛位位是廉貞巽庚癸盡是武曲位乾甲丁貪狼一路行是三合雙山法也坤壬乙合申子辰為水局故屬文艮丙辛合寅午戌為火局故屬廉巽庚癸合巳酉丑為金局故屬武乾甲丁合亥卯未為木局故屬貪而言三元者更之曰坤壬乙巨門從頭出艮丙辛位位是破軍巽辰亥盡是武曲位甲癸申貪狼一路行子未卯三位祿

存倒寅庚丁顛倒作輔星午酉丑右弼輪到九戌乾巳文曲古運四蓋上元卦為坎坤震上元星為貪巨祿而以貪分配坎之癸坤之申震之甲故曰甲癸申貪狼一路行以巨配坎之壬坤之坤震之乙以祿配坎之子坤之未震之卯故曰坤壬乙巨門從頭出子未卯位位祿存倒下元卦為兌艮離下元星為破輔弼以破配兌之辛艮之艮離之丙故曰艮丙辛位位是破軍以弼輔配兌之酉庚艮之丑寅離之午丁故曰寅庚丁顛倒作輔星午酉丑右弼輪到九中元卦為巽乾中元星為文武以武配乾之亥而互以辰巽以文

配巽之巳而互以戌乾故曰巽辰亥盡是武曲位戌乾巳文曲古連四此二十四山二十年小運之令星也三合三元各有取義奚必辨其孰爲古本今本耶至論九星之所自始則起于邱延瀚天定卦邱公頒所謂元女當年親口傳者也上横列後天離巽坤兌四女卦下横列乾艮坎震四男卦而按先天生卦之序乾一兌二離三震四巽五坎六艮七坤八而一與二對三與四對五與六對七與八對從本卦對宮起貪一上一下次第翻之中起中止絃起絃止以貪巨祿文廉武破輔弼爲序輔與弼同宮是八山之

祖也。諸卦俱從此出。如乾局、乾與兌對。從兌起貪。綻起綻止。震巨、坤祿、坎文、巽廉、艮武、離破、乾輔。是爲天父卦。坤局、坤與艮對。從艮起貪。中起中止。巽巨、乾祿、離文、震廉、兌武、坎破、坤輔。是爲地母卦。以貪巨武爲三吉。坎局則巽辛、艮丙、震庚爲吉。離局則以震庚、兌丁、巽辛爲吉。震局則貪在離、巨在乾、武在坎。巽局則貪坎、巨坤、武離。艮局則貪在坤、巨在坎、武在乾。兌局則貪在乾、巨在離、武在坤。四陰龍之三吉在四陽卦。四陽龍之三吉在四陰卦。故陽龍宜坐陰山立陽向。陰龍宜坐陽山立陰向。以占坐山之吉秀也。楊筠松處州陽宅課云、辛龍甲向坤門路只管用現財、自有五鬼運財來。辛龍即巽從坎起貪廉在乾廉爲五鬼甲納于乾甲向是五鬼臨門也巨在坤乙掌財帛坤乙門路得水。爲五鬼臨門帶財來是楊公用對位起貪之法無所謂接星也。吳景鸞徽州府基課云卯龍丙向甲門開五百年開產大財走了紫陽山下水乙庚之歲損嬰孩基係癸卯龍過峽癸卯隸震從離起貪巨在乾甲納于乾開甲門故產大財廉在坤坤峯高聳因建一樓供一黑色將軍拈弓搭箭射之以水制火也巽峯祿存宜低而高乃于南門外向巽鑿一丁字塘以制之用丁者巽納辛艮丁火爲殺曜也癸卯龍納音屬金酉水來係金旺方却爲破軍乃建禍造屋以掩之水流紫陽山巽巳方去係金生方故乙庚化金之年有損小兒之應是吳公用對位起貪之法無所謂挨星也賴敬仙記胡太傅巽龍乾向地云五鬼臨門不帶財官爲太傅也須貪巽龍入首巨門到坤五鬼到乾乾峯高起卽扞乾向是五鬼臨門也若坤乙方有水來則帶財主有五鬼運財之應或乾向有水朝拜則廉貞水化爲輔弼水不惟無吐血回祿之災且有官貴孝友之慶貞而且

當也情兩方皆平坡無水故斷貪是賴公用對位起貪之法無所謂挨星也又有五鬼卦從本宮起廉以廉武破輔貪巨祿文爲序以貪巨武水朝爲吉廖公金精以廉居本宮不合陰陽乃將廉輔互换從向上起輔以輔武破廉貪巨狼文爲序例用正鍼而兼縫鍼不論水口專論來去之水目之所見者爲是貪輔主子孫武主貴秀巨主財帛廉主火症破主官灾祿主殘疾文主淫蕩各以類應內中有吉帶凶凶帶吉者如廉爲五鬼帶巨門水主富辛向見乾水亥水同來是也帶武曲水主貴庚向見坤水丁水同來

是也但發福者主有血疾若廉貞水帶巨武水不上堂而他去不吉卦例至廖公始變對位起貪之法而從向上起輔是爲輔星水法亦無所謂挨星也自後乃有變輔而用挨者殆始於蔣公平階蔣公頗諳天星之學所著天元五歌論元運論選擇實有可取所言挨星引而不發致使無識之徒不明易理不識天心各創一說以簧鼓于世竟令學者眞贗莫辨吁誤人甚矣予所著挨星口訣頗見其微載第一卷九星條下兹將各卦例剖析源流而立輔星定局與總斷歌于後俾學者不勞而獲焉

輔星定局

乾甲向武在離壬寅戌破在艮丙廉在巽辛貪在坎癸申辰巨在坤乙祿在震庚亥未文在兌丁巳丑

離壬寅戌向武在乾甲破在巽辛廉在艮丙貪在坤乙巨在申。癸申辰祿在兌丁巳丑文在震庚亥未

艮丙向武在巽辛破在乾甲廉在離壬寅戌貪在震庚亥未。巨在兌丁巳丑祿在坎癸申辰文在坤乙

巽辛向武在艮丙破在離壬寅戌廉在乾甲貪在兌丁巳丑巨在震庚亥未祿在坤乙文在坎癸申辰

坎癸申辰向武在坤乙、破在震庚亥未、廉在兌丁巳丑貪
在乾甲、巨在離壬寅戌、祿在艮丙、文在巽辛
坤乙向、武在坎癸申辰、破在兌丁巳丑、廉在震庚亥未貪
在離壬寅戌、巨在乾甲、祿在巽辛、文在艮丙、
震庚。亥未向、武在兌丁巳丑、破在坎癸申辰、廉在坤乙、貪
在艮丙、巨在巽辛、祿在乾甲、文在離壬寅戌
兌丁巳丑向、武在震庚亥未、破在坤乙、廉在坎癸申辰、貪
在巽辛、巨在艮丙、祿在離壬寅戌、文在乾甲

輔星總斷歌

輔弼屬木一四七太陽本宮主孝　弟更得木旺方與時亥卯未年應得意。武曲屬金二五八金水福德主科甲更得金旺方與時巳酉丑年應顯達。破狼風金一四七天罡絕命主凶逆腫足缺唇及瘟癀瘋啞聾難雷水溺。廉貞屬火一四七燥火五鬼主狂戾師巫瘟火癆血亡縊聾雷傷並足疾帶巨主富帶武貴廉文並入招狐媚更得火旺方與時禍速應在寅午戌。

貪狼屬木三六九紫氣生氣主孝友因公進財及登科紫茜繞梢發丁口。巨門屬土二五八天財天醫主正大神童壽考福豐隆辰戌丑未年方發。祿存屬土三六九孤曜絕體主頑謬僧道牢獄寡與鰥縊亡產難亦時有。文曲屬水一四七擄蕩遊魂主技藝賭博顛狂落水亡瘡瘰癧瘵眼足疾欠債離鄉鰥寡多申子辰年大不利。

五鬼運財定局

乾甲龍立巽辛向得震庚亥未來水與門路

離壬寅戌龍立艮丙向得兌丁巳丑來水與門路

艮丙龍立離壬寅戌向得坎癸申辰來水與門路

巽辛龍立乾甲向得坤乙來水與門路

坎癸申辰龍立兌丁巳丑向得艮丙來水與門路

坤乙龍立震庚亥未向得巽辛來水與門路

震庚亥未龍立坤乙向得乾甲來水與門路

兌丁巳丑龍立坎癸申辰向得離壬寅戌來水與門路

總訣乾坤龍用雷風相薄格震巽龍用天地定位格坎

離龍、用山澤通氣格。艮兌龍、用水火不相射格。男卦龍、用女卦向、取男卦水。女卦龍、用男卦向、取女卦水。陰陽相配巧合如此

大遊年卦

大遊年、亦名卜居卦。八宅周書、相宅家用之。法本天定卦、以貪廉武文祿巨破輔爲序。因謂以貪巨祿文爲序者、可兼斷陰宅、名小遊年。此專看陽宅、名大遊年。小陰而大陽也。如震爲本宮、乾屬廉、曰五鬼、卽小遊之巨門。巽屬武、曰延年、卽小遊之祿存。坤屬祿、曰禍害、卽小遊之廉貞。坎屬

巨曰天醫即小遊之武曲離屬貪曰生氣艮屬文曰六煞兌屬破曰絕命震屬輔曰本宮皆與小遊同蓋乾兌爲老陽艮坤爲老陰二老相配爲西四宅離震爲少陰巽坎爲少陽二少相配爲東四宅東四宅木火相生相比須門主竈俱宅主命俱在東四卦西四宅土金相生相比須門主竈俱在西四卦但山爲正神一卦可通三山門主竈爲零神宜兼用納甲此又從對宮起貪之法與輔星向上起者有異錄定式于後

乾六天五禍絕延生　坎五天生延絕禍六

艮六絕禍生延天五　震延生禍絕五天六

巽天五六禍生絕延、　離六五絕延禍生天　坤天延絕
生禍五六、　兌生禍延絕六五天。

三元命訣

上元甲子起一宮。中四下七五寄坤女命上五寄艮八中。
二下八。逆順輪。男命上元甲子、用排山掌起坎一宮、逆數
至離、為甲戌屬離命。中元甲子起巽四、乙丑至震屬震命。
下元甲子起兌七。乙丑是乾命、丙寅是中五、寄坤二為坤
命。數至丙子是巽命。女命上元甲子起中五、寄艮八為艮
命、順行、乙丑是乾命。丙寅兌命中元甲子起坤二、一屬坤命

下元甲子起艮八是艮命。數至癸酉、仍在艮亦是艮命。算法每一宮行十年。如下元男命甲子起兌、逆至甲戌乾、甲申中五、甲午巽是巽命。乙未震是震命、丁酉是坎命、辛丑是乾命。

三元年九宮起法。

每白三元各不同。上元甲子起一宮中元四綠從中起下元七赤逆行輪。

每甲子皆逆行。九星皆順布。如上元甲子起坎、乙丑離、辛未到震、即以三碧入中順飛也。

月九宮起法

子午卯酉起八白。辰戌丑未五黃求。寅申巳亥二黑起。逆行順布八方遊。

。如子年正月起八白、二月七赤、三月六白、以值月星入。中順飛八方以論凶吉

日九宮起法

冬、至一白雨水赤。穀雨原從四綠求。夏至九紫處暑邊。霜降先從六白遊。陽須順去陰還逆。但求六甲永無休。若逢紫白方為吉。活法須當仔細搜。

如冬至前後、甲子日起一白、乙丑日二黑、夏至前後、甲子日起九紫、乙丑八白、以值日星入中順飛八方

時九宮起法。

三元時白日相同、陽順陰逆入中宮。冬至一四七當記。夏至九六三是宗。

冬至後、子午卯酉日子時一白。辰戌丑未日子時四綠。寅申巳亥日子時七赤。順行求值時星。夏至後、子午卯酉日子時九紫。辰戌丑未日子時六白。寅申巳亥日子時三碧。俱以值時星入中順飛。

九星生剋歌

生氣原來生我身。殺星剋我便生嗔。我若生他爲退氣。被吾剋者是財神。但爲死氣非全利。與我相同旺氣眞。

凡看山水須審大局。何方峯起。何方水近。如離方有水、便作坎山。坎方有水便作離山。乾方水近便作巽山。巽方水近便作乾山。四圍有水。作中宮論。如無合流則取橫遶。如有合流。卦則從爾。蓋平地以高者爲山。山峯爲建。低者爲水、水際爲破。建爲主。破爲客。主宜豐厚。客宜環抱。生旺方宜山高水朝。關煞方宜山低水去。又土局見一白本局見八白火局見六白爲魁星火山見八白土山見六白金山見一白爲善曜宜朝拱有情又山岡水路得曾元星動顧主六十年大利如南方水近即爲坎卦以一白星入中其生剋以一白水爲主二黑土到乾爲殺氣方三碧木到兌爲退氣方

主運流年九星加臨吉凶訣

生入煞方尅疾病煞入生方半吉凶死上煞來動田產財臨殺退損犧牲殺臨關煞穿心隻生入生方處處興惟有五黃正神煞八方到處不留情

以主運星流年星加八局八方斷如坎局以坤爲生氣方上元甲子二十年又得七赤生氣加坤爲生入生方餘倣此生見生主進財增產生見煞主官灾得貴人救殺見殺主火灾損人煞見生上半年吉下半年損人退見退主禍害疾患生見退主損六畜小口後遇貴人以本方有山水道路朝拱及六事動作方斷

陽宅九星吉凶斷

煞氣原來門竈則煞方偏喜去安房生旺自宜安六事門斤路井畫厠生方却忌去安床退氣貧仍損畜產門安死氣不生

郎。還有五黃凶愈速。百事臨之都見傷、
如震宅。以三碧入中飛佈、四綠到乾爲旺氣方、五黃到兌爲沖關方、六白到艮爲殺氣方、七赤到離爲殺氣方、八白到坎爲死氣方。九紫到坤爲退氣方。一白震爲生方。二黑巽爲死方、餘倣此、凡占陽宅、先以生氣殺氣占宅外砂水。次以生氣殺氣占宅內房間。盡本方自有生旺死退吉凶之分。飛剋本位爲煞。本位剋飛爲死。飛生本位爲生。本位生飛爲退。比和爲旺。合中宮之生旺。而本位又自爲生旺。不相刑害。則吉。合中宮之生旺。而本方白爲退煞則吉凶相半中宮之生旺方住之人財兩旺。中宮之殺方退方若本方自生自旺主人丁繁盛所謂殺方偏喜去安床是也又如三碧屬木生亥旺卯祿寅死午墓未絕申生旺方更得三白星加臨開門六事大吉雖艮爲殺氣而艮有寅祿甚爲吉也至以方論則以房床爲主以房床之星入中順飛門戶竈廁擇其生旺避其關煞大忌竈臨於房門相冲闖者有冲剋可移其

一舊本紫白賦相傳爲元無着大士著相宅如神但係鈔本不無訛錯予爲刪潤註釋錄之于左

紫白賦

四一同宮。准發科名之顯。九七合轍。常逢回祿之災。二五交加。罹死亡並罹疾病。三七疊至。見刼盜更見官非。此段提綱蓋四綠主科第之祥。一白乃官星之慶。下元歲在癸卯。坎宅之中宮發科。上元歲在丙寅。乾宅之三房入泮。故秀士赴舉。布衣求榮。占之各有其法。而下僚思陞。廢員復起。作之亦巽其方。第住宅以局方爲主。層間以圖運爲君。三九九六六三。豈惟乾離震攀龍有慶。而二五八之陰。亦可蜚聲。三碧年九宅乾方及六纏五間之第二間。九紫年六宅離方及八纏七間之第五間。六白年三宅震方及十纏九間之第八間俱四一同宮一七七四四一、豈但艮坤中附鳳爲嘉、而四七一之房均堪振羽。一白年七宅艮方及六縫五間之第四間七赤年四宅坤方及八縫七間之第七。間四綠年一宅中宮爻四縫三間之第一間四一同宮八二二五五八。固在兌巽坎、登榮足樂。此論通圖大勢排算方位論某年某方之宅大利非單論一間也八白年二黑山二黑年八白山一四俱在兌方之宅五黃年二黑山四。在巽方之宅五黃年八白山四一在坎方之宅而三

六九之屋、俱足顯名。此論層數之屋幾進幾層也八白年坤宅二黑年艮宅從後直數至第三進五黃年艮宅第六進坤宅第九進四一同宮推之、八六則文事參軍、異途擢用。六八則武科發跡、韜畧榮身、亦數有固然、而事非倖致也。此段申明科名之應若夫九紫爲後天火星。七赤乃先天火數。旺宮

單遇動治爲殃殺處重逢靜亦肆虐或爲廉貞五黃並至或爲都天戊己殺加臨雖有動靜之分均以火災爲患是故亥壬方之水路宜通閉之則登時作祟右弼方之池塘可鑿塡之則隨手生殃廟宇刷紅在九紫煞方尙遭瘟火樓臺聳艷當七赤旺地豈免炎災造高塔於火宮建岑樓于煞地但值二星同到必然萬室俱焚此段申明回祿之應是以五黃正煞不拘臨方到間常損人口二黑病符無論小運流年多生痼疾五主孕婦受厄出霜嫗于黃遇黑時二主宅母權凶出鰥夫在黑逢黃至五黃陽土二黑陰土主肚腹黃加黑是陰壓陽出寡婦黑加黃是陽

壓陰出鰥夫運如已退廉貞到處遭殃運若未交巨門會時姤咎故九紫雖司喜氣而六會九則長房血症七九之會尤凶四六固掌文昌而八會四則小口損生三八之會更禍木剋土從此類推確有實驗此段申明死亡疾病之應夫蚩尤三碧爲鬬狠之神破軍七赤亦肅殺之象故交劍殺七赤遇六白興逢劫掠鬬牛殺坤土三碧遇起惹官非七逢三到生財豈識財多被盜三遇七臨成疾那知疾更招尤要圖弭盜息刑不可殺星遇旺欲識延年却病全在助曜相親此段申明劫盜官非之應是知旺生一遇爲亨善曜變逢爲美八白逢紫烝歡喜重來火生土六

白遇輔星尊榮不次土生金欲求嗣續但取生神加紫白之星至論祭藏祇宜旺氣在飛星之列二黑與八白齊飛而財源大進得九紫則瓜瓞綿綿三碧同一白犂止而丁口頻添交二黑則倉箱濟濟先旺丁後旺財于中可見先旺財後旺丁于理易詳此段泛言吉徵盡運與令運星主六十年令星主二十年可以參觀年與月猶宜並論方曜貴配山配局更配層星乃佳間星必合山合層尤合方位乃吉木間得一白為生炁八白星臨而丁添不育回頭剋火層遇三碧為財宮六白戌亥年至而訟累不休故遇殺未可言殺須知殺化為權逢生

未可言生猶恐生星受制是殺旺須求生旺造塔堆山當于生方加意而制殺不如化煞鐘樓鼓角宜于化處施工此段詳言制化之法要之在方論方原有星宮生剋之辨復參以山之死生層之退煞局之旺衰而方曜之得失始見就間論間原有圖書配合之殊復參以山之父子局之財官層之恩難而間星之制化畢彰此段統論局方層間之用是知論星以年論間以運審其氣衰氣旺驗其或吉或凶如八卦乾卦屬金九星二黑爲土此號星宮之善八三層則本來剋土而財少入兌局則星列生宮而人興更逢九紫入木土之元斯

爲得運而丁財併茂且主功名如河圖四間屬金洛書四維屬木此圖剋青之局入兌方則文昌破體而出孤入坤局則土重埋金而出寡若以一層入坎震之鄉始爲得氣而魁甲聯芳亦增人口（此段推論理數之用）局爲體山爲用山爲體運爲用體用一元天地同靜山爲君層爲臣層爲君間爲臣君臣合德鬼神咸驚局雖交運而入宮六事亦懼廉貞戊己頻陵山雖逢元而死地退方猶恐巡羅（太歲泊宮名巡羅）天罡迭見盤吉凶原由星判而隆替實由運分局運與屋運敵以局爲憑山運敗局運興以局爲斷發明星運之用啟

迪後來之賢苟費精思自徵妙用。此段言疊凶殺及星運作收束

河圖一六水生旺爲文秀爲財藝爲樓首爲聰明剋煞爲淫佚爲寡婦爲溺水爲漂蕩二七火生旺爲橫財爲巨富爲多女剋煞爲吐血爲墮胎產難爲夭亡橫禍三八木生旺爲文才爲魁元爲多男剋煞爲少亡爲自縊爲絕嗣四九金生旺爲巨富爲多男爲好義剋煞爲刀兵爲自縊爲孤伶五十土生旺爲驟發爲多子剋煞爲瘟瘽爲孤孀爲喪亡此曆數之大畧也五行臨閒惟水金木忌火土以火土興廢靡常不耐久長故也

洛書、一白水爲中男、爲魁首、文章之府、生旺、少年科甲名播四海、多生男子、聰明智慧、剋煞、刑妻、瞎眼、夭亡、飄蕩、二黑土生旺。發田財、旺人丁、不產文士、只應武貴、妻奪夫權、陰險鄙吝、剋煞、寡母相傳、產難、刑耗、腹疾、惡瘡、三碧木爲長男、生旺、財祿豐盈、興家創業、貢監成名、長房大旺、剋煞瘋魔、哮病、殘疾、刑妻、是非、官訟、四綠木爲長女、爲文昌、生旺、文章名世、科甲聯芳、女人容貌端妍、聯姻貴族、剋煞瘋哮、自縊、婦女淫亂、男子飄流。酒色破家、漸至絕滅、五黃土爲戊己煞、不論生剋、俱凶、宜安靜、不宜動作、年神並臨、即

損人丁、輕則災病、重則虛興五數而止、主季子昏迷痴呆、
孟仲官訟淫亂、六白金爲老陽、生旺威權震世、武職勳貴、
巨富多丁、剋煞刑妻孤獨、寡母守家、七赤金爲少女、生旺
發財旺丁、武途仕宦、小房發福、剋煞盜賊離鄉、投軍橫死、
牢獄口舌火災損丁、八白土爲少男、生旺孝義忠良富貴
綿遠、小房福洪、剋煞小口損傷、瘟癀膨脹、九紫火爲中女、
生旺文章科第、驟至榮顯、中房受蔭、易興易廢、剋煞吐血
瘋顛目疾、産死回祿官災、

益陽姚諄敎舸丞譔
甯鄉　陽　堃方城
　　　江　濤學臣　琹
受業　族　元愷智泉
　　　敎忠楚堂校
孫振鸞祿山

陽宅總論

陽宅山谷城市不同。山谷以巒頭爲主而後宅法。城市以宅法爲主而後巒頭。山谷我所獨也。城市人所同也。山谷以來龍定城市以街中定。陽宅斷云。前低後高世出英豪。前窄後寬得祿陞官。此要法也。凡宅先看出外第一層之大門次看主房門主房無定位屋脊高大者即是廚竈乃養生之所尤宜與門主相生須得門生主、主生竈更合宅主之生命禍元為大吉男女正配為延年男女相生為天醫生氣相剋者剋陰損女剋陽損男宅有靜動變化四法以一二層者為靜宅看靜宅于天井正中下十字線將羅盤放于正中線上定准屋向在某字屬某宮門在某字屬某宮竈在某字屬某宮直斷吉凶萬無一錯動宅至五層而止故番星止用正五行如巨門生武曲武曲生文曲文曲生貪狼貪狼生廉貞廉貞生巨門之類六層至十層為變宅十一層至十五層爲化宅番星宜用雙金雙木雙土星六層祇雙一層七層雙兩層八層雙三層惟木土金三者雙之而水火獨單數蓋因八卦中木土金三者皆有陰陽之分而水火無二故番星亦依之凡看動變化宅先在大門內二門外院之正中下羅盤看大門在某宮某字或屬東四宅或屬西四宅則門即定矣再至高大房院之正中下羅盤用線牽至高大房門之正中看在某宮某字係某宅主即定矣又于廚房院中下羅經看竈房門在某宮某字或係東四竈或係西四竈則竈即定矣然後將門主

竈三者看其相生相剋以定吉凶三者平重衙署署重廚竈原其以祿爲主也若廚房有小院漏天者即下羅盤若廚房前後有兩門即下兩羅盤各院佈各院之八卦分開看又合攏看總宜安生氣天醫延年三吉方最凶者五鬼方加於宅離門主上五鬼在艮宮門上五鬼在兌宮是也其次六煞方動宅番星從大門上起游年順數至主房看得何星即依是星從門上相生而進若門偏一邊如兌主艮門即從艮上起遊年到震宮是六煞頭層墻即算六煞水星二層生氣木依次生進

凡屋大門如人之有口自應正大當中不合方位亦吉但砂水衝射破碎有煞亦宜避之宜築垣墻遮蔽另起門樓須擇來龍方或來水方謂之生旺進氣極吉若朝對明淨不犯黃泉八煞參用輔星挨星八宅周書門樓經自無不利又作樓門步數宜單不宜雙自一步三步五步七步至十三步吉每計四尺五寸爲一步自滴水簷前量起至立門處止得單步自合公輸尺上吉星更參合紫白尺竹篾尺元女尺子房尺尤妙至玉輦經天機木星不足信也

袁天罡門樓經

一質庫二絕體三横材四刑獄五四禁六進田七食邑八五龍九稱斗十欠債十一飯籮十二大耗起例訣、乾亥壬子癸丑山逢蛇便起端艮寅甲山猴作路卯乙辰巽犬同看巳丙午山猪放處坤申庚酉虎頭關丁未辛戌龍首是順行十二走天干如艮寅甲山申上起質庫酉上絕體順排、以質庫、横財、進田、食邑、五龍、飯籮、六方門路吉宜走天干不宜走地支、

公輸尺式

財●病●離○義○官●刧●害○本

尺只八寸、每寸比曲尺有一寸八分八寸、該曲尺一尺四

寸四分、

元女尺式竹冠尺同

貴人	•天災	•天禍	○天財	○官祿	•孤獨	•天敗	○輔弼

以今木匠曲尺八寸七分、分爲八節、每節爲一寸、每寸合曲尺一寸零八厘七毫五絲、

曲尺式即紫白尺

○一白	•二黑	•三碧	◎四綠	•五黃	○六白	•七赤	○八白	○九紫	○一白

右尺十寸每寸十分、今之木匠尺也、若造門須按合公輸尺上吉星、如單門二尺一寸、壓一白、公輸尺合在義上、一尺八寸、壓八白、公輸尺合在官上、雙門四尺四寸、壓四綠、合公輸尺本上、四尺三寸八分、合財上、廣五尺六寸六分

壓一白六白俱合財字上吉更能參合元女尺子房尺尤佳

子房尺式

○水●孛●計○土○炁○木○羅○火○金

右尺以今曲尺八寸七分爲之分九節每節合曲尺九分六壓六毫零○以上五家尺式量法俱從上至下從左至右進退加減併合吉星爲妙

竈位宜坐殺向生坐凶向吉作竈陽年向西陰年向南吉向東亦吉惟向北凶宜向天干不宜向地支取七宜天月德月財方竈貴幽闇忌門窗沖射竈口尤忌

門與竈須男女相配如坤門配乾竈爲地天泰乾門配坤竈爲天地否坎門配巽竈爲水風井巽門配坎竈爲風水渙震門離竈爲豐離門震竈爲噬嗑震門巽竈爲恒巽門震竈爲益艮門兌竈爲損兌門艮竈爲咸上十竈全吉 既濟未濟兼大有夬履謙遯與家人屯剝賁臨解鼎萃坎離艮兌震乾坤上二十二竈吉凶相半 餘三十二竈大凶

竈長七尺九寸上象北斗下應九州廣四尺象四時高三尺象三才竈口濶六寸按六合高一尺二寸象十二時安兩釜象日月突高八寸象八風

凡八家小兒難養久病不愈婚姻不遂宜安天醫竈再合宅主命宮天醫方安牀安竈口大吉功名不利家中貧苦宜安生氣竈以大門定生氣外生內更准更速男女壽短安延年竈必壽而富安大門之延年方主之天醫方極准

凡家不利須將舊竈灰土傾之于河濱路口並棄原竈之鐵器另取新磚于門主之天生延三方作竈若與主命不合卽將竈口向主命之吉方安之亦吉但不如坎離震巽命門牀竈俱在坎離震巽乾坤艮兌命門牀竈俱在乾坤艮兌之爲全吉也

倉宜甲丙庚壬四向。要逆朝來水。坐處向實。不宜坐屋後、不可與屋同向、倉前放水。不可流破、財祿方。甲向祿在寅、財在辰。丙向祿在巳、財在未。庚向祿在申、財在戌。壬向祿在亥、財在丑。來吉去凶。倉門宜高六尺零八寸二分。濶宜二尺零四寸二分。高低廣狹、俱宜按紫白尺之一黑星。則鼠不侵。作倉之時。忌嚼諸物、及銜墨斗籤于口。忌著草鞋入。丙合此自吉。碓磑宜青龍方。本山生旺祿位。忌白虎方。碓頭宜向外。

穿井在本山生旺之位。流泉則大。再合來龍、更吉。乾甲山

屬金生巳旺酉東西龍巳酉吉南北龍巳吉酉凶坤乙山
屬土生申旺子東西龍申子吉南北龍申吉子凶艮丙山
屬土生申旺子東龍申子井進橫財西龍申吉子凶南北
龍子吉申凶巽辛山屬木生亥旺卯西龍亥卯井吉南龍
亥吉卯少亡東北龍卯吉震庚亥未山屬木生亥旺卯東
南龍卯吉亥凶西北龍亥吉卯凶離壬寅戌山屬火生寅
旺午東龍十二步寅吉午平西龍十八步午吉寅凶南龍
午吉寅凶北龍寅吉以上十六山俱八九尺中有泉坎癸
申辰山屬水生申旺子東龍申子辰俱吉西龍申吉子凶

南龍子最吉北龍辰井主進橫財兌丁巳丑山屬金生巳旺酉東龍巳酉吉西龍酉最吉南龍巳酉俱不吉北龍辰井有橫財艮寅甲卯乙辰係東龍坤申庚酉辛戌係西龍巽巳丙午丁未係南龍乾亥壬子癸丑係北龍

鄭景純金鏡圖歌訣

一德宜養馬三台豬位强牛屋奇羅妙紫炁好安羊貪狼雞鴨盛太陽道用艮刀兵等凶位六畜定遭殃

乾巽坎離並所納卦十二山壬丙貪狼子午太陽吉可安乙辛紫炁坤艮奇羅皆吉位甲庚刀兵卯酉刀砧實難堪丁癸犲狼居不得乾

巽虎豹實爲艱坤艮震兌並納卦所十二位甲庚卯酉吉星會乾巽奇羅吉可居紫炁吉星屬丁癸壬丙刃兵子午刃砂凶莫言乙辛豺狼坤艮虎豹凶宜避寅申狐狸巳亥血刃並皆凶辰戌一德丑未三台並皆貴

天井放水歌訣

決溝折放有眞機須向天干忌四隅十二支神君莫犯傷山依舊折陽渠陰龍仍折陰干水莫向陽干說是非若是脫龍並就局陰陽順配勿猜疑天井放水在甲庚丙壬乙辛丁癸吉切忌支上放出若寅申巳亥名爲四隅大凶若天井有前後須用小元空法以小神入中神中神入大神曲折轉出法見前

衙署大堂地基宜高兩旁開門名四獸張口多出命案兩頭不宜有小房儀門內煖閣邊不宜立碑石主口舌後堂大房外不宜修一間小屋在中爲披髮房主天兩邊爲燕尾房主淫邊有邊無爲單肘房主小人暗算大堂前有碑對立名左右執笏吉照墻及兩邊均宜高大更鼓樓宜巳亥方不可安辰戌丑未方城隍宜井鬼方辰戌子午方監獄宜安七赤方坐西向東吉監內東房廣大西房低小主犯人順利

家居不可用子午正向祠堂宜建三吉六秀方文筆書房

宜建本山官祿方乾甲山辛爲官坤乙山庚爲官坎癸申辰山戌爲官艮丙山癸爲官巽辛山丙爲官兌丁巳丑山壬爲官離壬寅戌山巳爲官震庚亥未山丁爲官甲山祿到寅巳爲文昌方乙山祿到卯子爲文昌方俱可又巽辛爲天乙貴人甲乙掌圖書亦吉厠所安吉方多病宜安五鬼六絕方甲丙庚壬乙辛丁癸辰戌丑未方亦可

地理元合會通卷之八

益陽姚詩教𠛬丞譔　珩芸陔
寧鄉楊韡方城　江濤學臣　鑒　受業族姪琳光嵐校
甥毓廷參

洪範大五行說。

甲寅辰巽大江水戌坎辛申水一同。艮震巳山原屬木。離壬丙乙火爲宗兌丁乾亥金生處丑癸坤庚未土中。此洪範五行也。昔趙載註郭氏元經。山家五行爲不用正五行、而用洪範可見相傳已久謂起于唐一行師者妄也。元無著大士著紫白賦原本連山洪範論以洛書方位生成奇耦之數定五行而分吉凶亦皆引而不發葉氏泰謂爲先天之氣其註亦多支離惟楊紀解之甚精其說曰葬藏于土而土氣之生死在水故論正五行止有水土二行其金山火山木山云者皆言其形似而非眞也故洪範五行水居八而土居五爲數獨多坎水離火兌金震木乾金坤土不變其餘皆變然亦各從其方位實有之五行而抉其關元之義要亦不得謂之變也艮統丑寅其方爲木之始氣故爲木巽統辰巳其方爲水之尾閭故爲水然艮方本土

也巽方本木也故丑爲土而巳爲木震統甲乙兌統庚辛木金之全局也震爲木木之爲行也其滋膏皆水而上氣皆火也是故始于水而終于火其始必由雨露之澤焉其終往往出火以自焚故甲水而乙火也水者震之所以爲龍也火者震之所以爲雷也兌爲金金之爲行也水土之所際山水土相比久而成石石乃生金金生而泉發是故始于土而終于水其始必土其終必水故庚爲土而辛爲水其土也兌之所以爲剛鹵也其水也兌之所以爲澤也坎統壬癸離統丙丁水火之全局也坎爲水四獸北方有

兩龜爲水而蛇爲火是以壬納于離水又比于土地中之
水離地即失其性癸地中之水也故壬爲火而癸爲土離
爲火火能成金無火則金終埋于土是以丁爲庚夫而兌
納丁丙者日也八干之中唯丙當與乾坤同例故丙爲火
而丁爲金日月與乾坤同而專言日者辛爲月月爲水辛
固水也若夫寅之爲水則以地不滿東南自析木之津以
達于巽之地戶皆積水之區所爲尾閭洩之不知何時已
者也故寅甲辰巽皆水也若夫亥之爲金也則以天不滿
西北自少昊之墟以至于亥之天門皆積山之區山者石

而石者金故兌乾亥皆金也金積于西北而水盛于東南
海爲百川之朝宗而河爲之源焉祭川所以先河後海也
河源出于崑崙戍位也故戌爲水也史記天官書曰雲漢
者兵本水河圖括地象曰河精爲天漢唐書天文志曰北
斗自乾攜巽爲天綱雲漢自坤抵艮爲地紀然則寅申者
水之終始也故寅爲水而申亦水也要而論之皆幽元之
義實有之理而非或變或不變任人造作者也又儲泳祛
疑說曰夫五臟皆一而腎獨有二左爲腎而藏精右爲命
而藏氣神依氣立故曰神門配壬子之水是以人之精敗

者必左癱氣敗者必右瘓兩腎各有所主故其病各有所歸壬子一位也子屬水而壬屬火左腎配子右腎配壬子水爲精壬火爲神五臟猶五行也六腑猶六神也甲乙配青龍丙丁配朱雀庚辛配白虎壬癸配元武戊配勾陳巳配螣蛇蓋坎水納戊離火納己故五行而有六神猶五臟而育六腑壬火于水之說近取諸身理尤明甚

鐸長老洪範五行砂法

凡建立邦國郡縣及大地墳宅以洪範察其到頭之五行從四長生位起三十八將內十七將長生位爲吉送外二

十一將長生位爲金匱內將就內一層斷外將就內一層
外合三重而斷惟內將天刦地刦刑刦地戶外將白虎直
試爲不吉欲砂平遠低下與衆山相等不可獨高餘以山
勢高聳重疊朝揖有情者爲子孫忠孝單薄低陷高險射
壓者不足也若水破其方如傳送主破財各以類應內惟
地戶方宜水破餘以相聯不斷爲佳如杭城坤申水土能
西辛方爲文曲艮寅方爲廉貞其方係半山半山面向東
北反背杭城在內從官國主宰相之職傳伯通斷云文曲
多山俗尚虛浮廉貞姤主大臣持柄其後果出秦檜賈似

道詳其用。七曜訣云、大墓屬破軍、絕胎係祿存、養生貪狼、位。沐浴冠帶文武曲、臨官旺逢衰是巨門、廉貞兼病死、七曜一齊分。

內十七將木局定位

傳送亥 伏尸子 小墓丑 穀將艮 始生甲 天倉辰 天柱巽 功曹巳 官國丙 冠帶午 大墓未 勾陳坤 沐浴庚 天刦酉 刑刦辛 地刦戌 地戶乾

內將火局定位

傳送寅 伏尸卯 小墓辰 穀將巽 始生丙 天倉未 天柱坤 功

曹申官國庚冠帶酉大墓戌勾陳乾沐浴壬天刦子刑刦

癸地刦丑地戶艮

丙將金局定位

傳送巳伏尸午小墓未穀將坤始生庚天倉戌天柱乾功

曹亥官國壬冠帶子大墓丑勾陳艮沐浴甲天刦卯刑刦

乙地刦辰地戶巽

丙將水土局定位

傳送申伏尸酉小墓戌穀將乾始生壬天倉丑天柱艮功

曹寅官國甲冠帶卯大墓辰勾陳巽沐浴丙天刦午刑刦

丁地刧未地戶坤

外二十一將木局定位

金匱亥夠山子大德子生氣子丁庚丑綬山丑玉堂丑青龍卯陽氣卯朱雀巽天門巽鉤鎖丙司命午死氣午行廊未印山未白虎酉陰氣酉天牢戌眞武乾華蓋乾

外將火局定位

金匱寅夠山卯大德卯生氣卯丁庚辰綬山辰玉堂辰青龍午陽氣午朱雀坤天門坤鉤鎖庚司命酉死氣酉行廊戌印山戌白虎子陰氣子天牢丑眞武艮華蓋艮

外將金局定位

金匱巳旁山午大德午生氣午了戾未殺山未玉堂未青龍酉陽氣酉朱雀乾天門乾鉤鎖壬司命子死氣子行廊丑印山丑白虎卯陰氣卯天牢辰眞武巽華蓋巽

外將水土局定位

金匱申旁山酉大德酉生氣酉了戾戌殺山戌玉堂戌青龍子陽氣子朱雀艮天門艮鉤鎖甲司命卯死氣卯行廊辰印山辰白虎午陰氣午天牢未眞武坤華蓋坤

生方曰傳送主丁財病方曰官國主官貴冠前卦曰穀將

主倉庫衰前之位爲天柱主壽命墓前之位曰勾陳主子孫忠孝絕胎二宮曰宗廟水出此則貴吳公云太乙宮中二水并歸元洞此累世公侯之地太乙即絕位也天柱穀將勾陳地戶皆在四維催官篇曰催官之砂維四方雲霄屹立官爵强玉尺曰天柱發四維之氣功名唾手可成皆得洪範之妙用也又伏尸主六畜蚕繇奴婢小兒小墓主容貌始生主人丁天倉主身體功曹主女財大墓主增財冠帶主耳目沐浴主產業天刦主盜賊刑刦主刑獄地刦主刀兵自縊地戶主妖怪疾病上四將若山高逼射刑傷

不兌金匱主外財、在傳送外一重、芴山主官職、在伏尸外
一重、大德主文章科第、在伏尸外二重、生氣主人口、在伏
尸外三重、了戾主婦女、在小墓外一重、吉則男得美婦女
得賢婿、綬山主印綬、在小墓外二重、玉堂主姻戚、在小墓
外三重、青龍主音律、此位無內將水破主口訥陽氣主男
在青龍外一重、朱雀主文詞機辨、在天柱外一重、天門主
信行、在天柱外二重、鈎鎖主攀援、在官國外一重、司命主
技藝、在冠帶外一重、死氣主官廕、在冠帶外二重、行廊主
增壽、在大墓外一重、印山主印綬、在大墓外二重、白虎主

威膽在天刦外一重陰氣主女命在天刦外二重天牢主禮法在地刦外一重眞武主氣量在地戶外一重華蓋主屋舍在地戶外二重白虎廹射名白虎啣尸主有極刑眞武廹射主有毒死華蓋以特起爲吉若連生氣金匱亦吉遭白虎陰氣主火災陽氣陰氣山相等則室家和順若陽陵陰陰凌陽主不睦

三元指迷賦

兩大彌淪本生成于河洛一元闔闢參化機于陰陽金龍起伏自金來正是一家之眞脈乾神生動開乾穴要在六

白之當時喜坎水以貼身須巽木以配對午宮發曜必生不肖之兒兌位入離定主死亡之厄若艮土以混雜雖生乾而實傷乎乾倘坤土以相生是先巽而後亦向巽誰謂巽木為乾金所損剋豈知乾金得震木而器成離為破軍雖曰九紫之吉曜偏然不吉兌亦金宿即云一時之旺辰反為不旺乾山單來一二節必主獨夫亥脈相隨兩三重大發俊秀此乃乾時之令節抑亦巽源之對臨也彼夫坎龍北來離源南至怕乾艮之雜還慮坤巽以兼加華蓋酉重重出龍墀丁而亦忌鳳閣艮疊疊並龍樓乾而益榮第

恐天殺未兼天罡辰巳非時中之局雖有將軍卯連玉印
申猶是卦外之辰緬坎癸之騰騰八文旺盛溯離丁之滾
滾富有倉箱得乾金以相生斯科甲之熾發此老陰老陽
之對待眞得時失時之攸關也東北角上一條龍西南向
中二宮水刦殺庚莫從外八玉葉亥毋許旁來帝座子排
武曲巽之辰逢六白而登科有待寶蓋坤臨破軍艮之位
當七赤而發甲無疑倘得四水之交加應許百福之駢至
地峯坤高聳狀元可期黑水坤獨朝巨富無比雜離火以
破格婦女居孀混庚金而過堂少男失配兌山迢迢無駁

兌震雜水洋洋可樂饑少陰少陽將軍得華蓋而并美且富且貴倉箱偕旌節而增輝受九紫離于左肩八貫龍頭之屬老得入白艮于右畔壻登虎榜以成仙乾父齊來莫攜坎男并至兌兒兼入最怕巽女同情允矣上元之隹城卓哉天三之令宅龍來武曲巽休帶破軍之星穴朝文源乾母兼天殺未之水金箱寅偕帝輦午而拱照龍樓乾齊鳳闕艮而濼涠九宮丙勿以七爲榮四綠時宜以六共濟一白非吉最忌連入白而入乾二黑爲凶尤嫌帶七赤而出戌此固中元之得半亦即上元之共長也老陽老陰坎

離乃六子之宗祖分天分地午子為八卦之樞機龍莫雜以巽坤水勿混于乾艮宣朝山之貪翠愛堂局之端嚴震巽若流坎宮雖過丑而無害子癸入于乾位即極盛而漸衰風入水水入風巽出坎坎出巽財名雙美地出雷雷出地坤出卯卯出坤富貴兩兼滾滾坎來當六白而愈顯科第源源坤至逢七赤而更發書香震乃八白之根苗巽亦九紫之扼要若乃龍從坤入自應水要艮來三碧與一白齊飛斷定衰敗之莫救九紫兼七赤並到其羨科第之堪誇山峯艮貪出巽端三元榜發水源坎獨作堂與萬畝田盈勢必地脈之

淸純豈但當年之令運吾見西山擺佈大起圓秀之星東水澄淸長流曲折之淵此固少陽少陰之配對亦卽大丁大財之發皇也然而乾兌本是一家由亥而庚隨其出脈以立向震巽無分兩路自甲而乙仍憑發源以朝宗特恐山艮出雷震而不淸必損聰明之子最要地坤得水坎以還照乃發成立之兒是知廢興關乎水情榮枯本于元運旣得血脈之不爽自然發福之無休矣

雜卦水斷

坎亥女死丑男丁　艮癸淫賊甲貧窮　震巽丙破貞傷

婦　離未男亡巳女刑　坤雜庚窮丁貧賊、兌乾申女破財王。

八卦之水、惟坎離坤艮、易犯夾雜。如坤向兌水去離、必病目、七赤時離到坤、有火災。離水去兌、主小兒缺唇女人血疾。艮向見坎震水、兄弟不睦、坎水去震、震水去坎、叔嫂搆訟。坎向有乾艮水、父子兄弟不協。若乾艮水交合出坎室家不順。主僕宣淫。離向有巽水。女傷而男貧。見坤水、母女俱厄。寡母起家。若坤巽並出離宮。則中女寡居。長女與老母、並受中女之害。姑媳訴誶。男人損目乏嗣。

先天八卦斷

乾居後天之南而爲老陽故乾旺時而離門可開坤居後天之北而爲老陰故坤旺時而坎門可開乾坤生六子列于父母之旁固先天之定位亦即先天之定數也斷法須看後天形勢合先天數以斷之

乾爲首即後天之離離上有河口反弓七丫八叉墩埠破碎閑塞主出僧道打造金銀樂作工匠及禿髮頭風目疾癩瘤墮胎產難如有拖刀形主因淫邪斬首在午位爲老父偏丙爲男偏丁爲婦失令之時即見官俟敗絕此離方

之斷也、
兌爲口、卽後天之巽、巽方砂水員秀開面、主出文人學士、否則主口病齒痛、或大舌、或口乞、或豁嘴、或喑啞、隨其形象斷之、中巽位爲少女、偏巳爲男、偏辰爲婦、得令之時、砂水尖射、主出尖嘴尖臉、好說是非、或出師巫、若破碎似卧倒之狀者、主羊頭瘋、似斷折之狀者、主肢體毀折、失令之時、則直斷其出流賊而致死、若反逆鉤拖者、主作賊斬絞自縊、大約乾坤艮巽四卦、與寅申巳亥之河浜鈎絞者、俱主投環縊死、辰戌丑未之河浜鈎絞者、俱主作賊絞罪逆

水反弓者俱主作賊砍頭此巽方之斷也
離爲目卽後天之震震方有浜口箭射砂脚反弓墩埠破碎主眼疾氣滿龜背駝腰淫慾墮胎且主變童如有遠水在失令方之外洋等處飄飄渺渺若浮若沉主出短視女人淫奔隨其形象斷之在卯位爲中女偏甲爲男偏乙爲女得令之時只斷其目疾而已此震方之斷也
震爲足卽後天之艮艮方有墩埠河汊了叉射穴者主折脚風癱不能行走如有砂及小浜直冲而來叉復反弓而去主兩足反生隨其形象斷之在艮位爲長男偏丑爲婦

偏寅爲男得令之時只主腳疾失令則直斷其因腳疾致
死且出偉童以震爲龍爲大塗也此艮方之斷也
巽爲股卽後天之坤坤方有砂腳浜口如箭冲射主失股
癱瘓或生惡毒水港道路如繩索主出木匠工役墩埠破
碎主出禿子若塡塞水口俾水飄渺隱約主出白眼瀾頹
如有糞窖牛池汚穢主出狐腋臭并口臭之屬隨其形象
而斷在坤位爲中女偏申爲男偏未爲婦失令之時直斷
其因股疾致死且出雞姦下賤此坤方之斷也
坎爲耳卽後天之兌兌方墩埠閉塞河汊丫叉砂腳破碎

天利沖射者主耳痛耳缺耳聾或吐血心病及豬頭瘋等
症並出盜賊坎爲耳爲溝瀆隨其形象而斷在酉位爲中
男左庚男右辛女失令之時直斷其淫慾下賤因血病耳
病致死並產難溺水盜賊此兌方之斷也
艮爲手卽後天之乾乾方有河口反弓砂腳斷折下叉沖
射主有手病或折手斷手或缺指多指得令之時雖巨富
顯貴亦出駢指折肱之人失令則出鼠竊狗偷穿窬高手
若有類于繩索者主縊罪自縊等事隨其形象而斷在乾
位爲少男偏亥爲男偏戌爲婦此乾方之斷也

坤爲腹即後天之坎坎方有砂水尖利直射反弓主腹疾心痛蠱脹血崩墮胎産難等事隨其形象而斷在子位爲老母偏癸爲婦偏壬爲男得令之時只斷腹疾且出熔爐造冶之人失令之時直斷其淫邪下賤此坎方之斷也

以上先天後天相見形狀斷法陰宅則自穴上看其四面陽宅則內外門路房間同斷

易卦取象歌

豫取重門司擊柝取諸太過爲棺槨宮室大壯弧矢睽網罟離兮市噬嗑舟楫渙兮車馬隨利取益兮耒耜斷乾坤

衣裳夬書契杵臼之與屬小過

乾象

乾健君父首天圜金玉寒冰大赤兼瘠駁老良四馬具木果龍直衣與言又為郊為帶為旋為知為富為大為頂為戎為武

坎象

坎豕溝瀆耳弓輪隱伏矯輮加憂人心病耳痛血卦赤為輿多眚盜月通為曳為陷馬美脊薄蹄下首與亟心桎梏蒺藜狐叢棘木堅多心棟律宮又為夫為五為沫為泥塗為孚為酒為臀為淫為河

艮象

艮男閽寺鼻指手狐鼠黔喙虎與狗山徑小石門闕遍果蓏多節木形醜。又爲林爲[illegible]爲[illegible]爲[illegible]爲宅爲[illegible]爲[illegible]爲[illegible]爲[illegible]爲尾

震象

震動足車元黃龍大塗決躁稼反生長子竹葦蕃鮮健昇足的顙馬善鳴。又爲玉爲鵠爲鼓爲青爲升躋爲奮爲官園爲春[illegible]爲[illegible]爲老爲東

巽象

巽女雞股繩直類工白長高入進退寡髮廣顙白眼多不果臭躁市三倍。又爲楊爲鸛爲魚爲浚爲草茅爲宮人爲老婦爲命爲四

離象

離女目火日麗雷甲冑兵戈大腹見魚鱉蟹蚌雉牝牛爲科上槁木形變又爲烏爲玉爲苦爲朱爲三爲焚爲泣爲歌爲號爲墉爲城爲南爲不育爲害

坤象

坤腹母裳布帛囊子母牛兮地黒黃吝嗇均順文衆柄大輿牝迷方釜漿又爲水爲小爲能爲明爲戶爲敦

兌象

兌少女兮巫口舌地鹵剛鹵羊與妾毀折附決輔頰常艮止兌說本爲澤又爲笑爲五爲食爲跛爲眇爲西爲譽爲鶴

同治新曆二十又稍量天尺過宮度數

虛八危室亥上行　室八壁奎八戌宮　奎十婁胃昴二
酉　昴畢觜參皆入申　未參八分井廿六　井鬼柳星
午上存　星五張翌巳宮是　翌八軫角是辰星　角八
亢氐原屬卯　氐十六房心尾寅　丑在箕一斗廿一
斗牛女虛子上終

范名廷二十八刦歌訣

乾卯亥乙與壬申子巳癸巳及丑辰艮丁寅未甲上丙卯
丁乙甲辰未尋巽癸巳酉丙辛上午酉丁寅未癸輪坤乙
甲癸庚是午酉寅辛丑戌丑凶

砂法公位

宮位一男都管定兩房左六長房承前後右邊皆屬小此處偏枯大不勻（七四位長六位次十八位）三子左長右三定朝坐皆歸仲一八（長三各六位仲十二位）六子却依何次序左邊孟後四前程六在右前三右後二一分朝案五主星（一四三六各得三位二五各六位如子午向艮寅甲爲內青龍屬長卯乙辰爲外青龍屬四乾戌辛是內白虎三管酉庚申是外白虎六管）左空絕長右絕右朝坐空曠二一五零如龍全曠朝偏左長四吊來作龍星朝山空遠龍邊案次男亦吊作朝屏三六二五相吊法依茲變換莫呆論

水法公位

水法一男專管向兩房長右次左分三房却又依何序孟白仲青季向存會見青龍砂甚好右邊惡水長凋零朝山與坐砂非妙長絕原該仲吊承

放水公位

八干四維流皆吉若放支辰作卽凶乾坤艮巽須發長寅申巳亥長伶仃甲庚丙壬中男發子午卯酉中男殺乙辛丁癸少男強辰戌丑未少男殃

凹風斷

乾乘門射主離鄉、坎上吹噓水路亡、艮上虎狼兼鬼魅、震
奴欺主任飛颺。巽風口舌兼疾病。離凹風來回祿殃。坤風
飄露主絕嗣、兌遭瘟疫及兵傷。

白蟻斷

乾坤艮巽四山岡。切忌辰戌丑未方。辰戌丑未四坐山。切
忌甲庚壬丙間。甲庚壬丙四山龍。切忌午子卯酉中。子午
卯酉四山幷、切忌乾坤艮巽邊。寅申巳亥四山基。乙辛丁
癸最不宜。乙辛丁癸四山堂。寅申巳亥忌相當。風水路捲
俱有得、定招白蟻入家房。

何知人家有白蟻只因蓄水不通情乾甲二山嫌丑巳又妨積水在兌丁坤乙二山嫌艮丙艮丙又妨坤乙侵巽辛二山何所忌水嫌坎癸及申辰兌丁巳丑四山上最怕乾甲水來停震庚亥未山頭忌離壬寅戌莫相親離壬寅戌對宮是坎癸申辰及巽辛

治白蟻法

凡治蟻先看蟻身形色以辨風水缺陷如放水失度其蟻色白腹大自內食至外自下食至上放過吉水自除溝水失宜或阻塞不通其蟻身長嘴硬亦自內而外自下而上

即于溝水或開或填以除之者因傾倒墻垣起拆旁屋致四風吹刦其蟻必黑自上而下自外而內須加減墻屋栽植樹木以除之又或因塘窟積水在子午卯酉等方遠遠照破名曰曜水其蟻身白嘴黃有翼腹下有一暈亦自上食下自外食內每食樓房箱籠衣服等物多從五月飛出須于二三月水滿時用羅盤格清惡處填改之即除又有因當日修造犯火羅而生者其蟻屬火嘴紅宜取火羅死絕之日水星得令之時及受死月煞閉除酉亥暗金伏斷一白到方等日用木匠曲尺在白蟻處量至四尺九寸即

此將斧頭在此處打四十九下大發喝聲眾皆齊應如起屋狀陰宅在寅位上取土塗叉做壓法如前即此時師或于冬月蟻歸土時尋蟻路取之毋柔數編之多然治未除根終當復起非法也

此鬼祟盜賊法

乾為天門坤為地戶巽為人門艮為鬼路甲為陽門庚為賊路丙為端門壬為後路凡患祟者或艮方修造不時門路陰暗風吹水割患盜者或庚方修造不時門路陰暗風明水割須擇太陽火星貴人三奇紫白斗柄建方本山生

年月及天狗日滿日修之卽止

納甲說

焦氏循曰納甲之法始見于京房易傳其以六卦直月候明魄死生陰陽消息與先天圖有相似如魏伯陽參同契中所陳卽其說也參同契曰三日出爲爽震庚受西方八日兌受丁上弦平如繩十五乾體就盛滿甲東方七八道已訖屈折低下降十六轉就統巽辛見平明艮直子丙南下弦二十三坤乙三十日東北喪其朋節盡相禪與繼體復生龍壬癸配甲乙乾坤括始終朱子以爲卽先天之傳

孔子之殁諸儒失之而方外之流密相付授以爲丹竈之術耳按其說以月三日生明始受一陽之光有震象昏時見于庚方故震納庚八日上弦受二陽之光有兌象昏時見于丁方故兌納丁十五望日全受日光有乾象昏時見于甲方故乾納甲十六日始受一陰有巽象平旦沒于辛方故巽納辛二十三日下弦受二陰有艮象平旦沒于丙方故艮納丙　日晦于乙方有坤象故坤納乙坎戊爲月精離　元壬癸納甲乙爲乾坤始終所謂以日月爲易　林卜法乾在内卦則爲甲而納子寅辰如

初九爲甲子九二爲甲寅九三爲甲辰也在外卦則爲壬而納午申戌如九四爲壬午九五爲壬申上九爲壬戌也凡坤在內卦則爲乙而納未巳卯如初六爲乙未六二爲乙巳六三爲乙卯也在外卦則爲癸而納丑亥酉如六四爲癸丑六五爲癸亥上六爲癸酉也因乾坤各納兩干故别爲內外二卦若震止納庚則初九爲庚子六二爲庚寅六三爲庚辰九四爲庚午六五爲庚申上六爲庚戌巽止納辛則初六爲辛丑九二爲辛亥九三爲辛酉六四爲辛未九五爲辛巳上九爲辛卯坎離艮兌四卦依震巽例推

之惠氏棟八卦之數圖謂三十日日月會于壬滅藏于癸故離納于坎納癸虞氏注易繫辭云晦夕旦朔坎象流戊故坎納戊日中則離離象就己故離納己戊己位土象見于中日月相推而明生焉故懸象著明莫大乎日月

納音說

沈括曰六十甲子有納音蓋六十律旋相爲宮法也一律含五音十二律納六十音也瑞桂堂暇錄曰六十納音以金木水火土之音而明之也一六爲水二七爲火三八爲木四九爲金五十爲土然五行之中惟金木有自然之音

水火土必相假而後成音蓋水假土火假水土假火故金音四九木音三八水音五十火音一六土音二七此不易之論也何以言之甲己子午九也乙庚丑未八也丙辛寅申七也丁壬卯酉六也戊癸辰戌五也巳亥四也甲子乙丑其數三十有四四者金之音也故曰金戊辰己巳其數二十有三三者木之音也故曰木庚午辛未其數三十有一一者火也土以火爲音故曰土甲申乙酉其數三十十者土也水以土爲音故曰水戊子己丑其數三十有一者水也火以水爲音故曰火六十甲子莫不皆然按揚雄

太元經曰子午之數九丑未八寅申七卯酉六辰戌五巳亥四故律四十二呂三十六並律呂之數或還或否凡七十有八黃鍾之數立焉其以為度也皆生黃鍾又曰甲己之數九乙庚八丙辛七丁壬六戊癸五聲生于日律生于辰聲以情質律以和聲聲律相協而八音生歷代以來宗之謂之先天之學

朱子曰樂聲是土金木火水洪範是水火木金土葢納音者以干支分配于五音而本音所生之五行即為其干支所納之音也初一宮商角徵羽納甲丙戊庚壬係以五守

而隨以五丑宮得甲子商得丙子角得戊子徵得庚子羽得壬子宮爲土土生金故甲子乙丑納音金商爲金金生水故丙子丁丑納音水角爲木木生火故戊子己丑納音火徵爲火火生土故庚子辛丑納音土羽爲水水生木故壬子癸丑納音木次二商角徵羽宮納甲丙戊庚壬係以五寅而隨以五卯商金得甲寅乙卯納音水角木得丙寅丁卯納音火徵火得戊寅己卯納音土羽水得庚寅辛卯納音木宮土得壬寅癸卯納音金次三角徵羽宮商納甲丙戊庚壬係以五辰而隨以五巳角木得甲辰乙巳納音

火徵火得丙辰丁巳納音土羽水得戊辰己巳納音木宮土得庚辰辛巳納音金商金得壬辰癸巳納音水以上六甲得其半納音小成次四復以宮商角徵羽納甲丙戊庚壬係以五午而隨以五未宮土得甲午乙未納音金商金得丙午丁未納音水角木得戊午己未納音火徵火得庚午辛未納音土羽水得壬午癸未納音木次五復以商角徵羽宮納甲丙戊庚壬係以五申而隨以五酉商金得甲申乙酉納音水角木得丙申丁酉納音火徵火得戊申己酉納音土羽水得庚申辛酉納音木宮土得壬申癸酉納

音金亥六復以角徵羽宮商納甲丙戊庚壬係以五戌而隨以五亥角木得甲戌乙亥納音火徵火得丙戌丁亥納音土羽水得戊戌己亥納音木宮土得庚戌辛亥納音金商金得壬戌癸亥納音水於是六甲全而納音大成矣陽生于子自甲子以至癸巳陰生于午自甲午以至癸亥故三十而復從宮起宮君商臣角民皆人道也故皆可以爲首徵事羽物皆人所用也故不可以爲首是以三甲終而復始于宮干爲天支爲地音爲人三才之五行備矣

陶宗儀曰甲子乙丑海中金者子屬水又爲湖又爲水旺

之地兼金死于子墓于丑水旺而金死墓故曰海中金也丙寅丁卯爐中火者寅爲三陽卯爲四陽火既得地又得寅卯之木以生之此時天地開鑪萬物始生故曰鑪中火也戊辰己巳大林木者辰爲原野巳爲六陽木至六陽則枝榮葉茂以茂盛之木而在原野之間故曰大林木也庚午辛未路傍土者未中之木而生午位之旺火火旺則土焦未能育物猶路傍土若也故曰路傍土也壬申癸酉劍鋒金者申酉金之正位兼臨官申帝旺酉金既生旺則成剛矣剛則無踰于劍鋒故曰劍鋒金也甲戌乙亥山頭火

者戌亥爲天門火照天門其光至高故曰山頭火也丙子丁丑澗下水者水旺于子衰于丑旺而反衰則不能爲江河故曰澗下水也戊寅己卯城頭土者天干戊己屬土寅爲艮山土積而爲山故曰城頭土也庚辰辛巳白鑞金者金養于辰生于巳形質初成未能堅利故曰白鑞金也壬午癸未楊柳木者木死於午墓于未木既死墓雖得天干壬癸之水以生之終是柔弱故曰楊柳木也甲申乙酉井泉水者金臨官申帝旺酉金既生旺則水由以生然方生之際力量未洪故曰井泉水也丙戌丁亥屋上土者丙丁

屬火戌亥爲天門火既炎上則土非在下而生故曰屋上土也戊子己丑霹靂火者丑屬土子屬水水居正位而納音乃火水中之火非龍神則無故曰霹靂火也庚寅辛卯松柏木者木臨官寅帝旺卯木既生旺則非柔弱之比故曰松柏木也壬辰癸巳長流水者辰爲水庫巳爲金長生之地金生則水性已存以庫水而逢生金則泉源終不竭故曰長流水也甲午乙未砂石金者午爲火旺之地火旺則金敗未爲火衰之地火衰則金冠帶敗而方冠帶未能盛滿故曰砂石金也丙申丁酉山下火者申爲地戶酉爲

日入之門日至此時而藏光故曰山下火也戊戌己亥平地木者戊爲原野亥爲木生之地夫木生于原野則非一根一株之比故曰平地木也庚子辛丑壁上土者丑雖土家正位而子則水旺之地土見水多則爲泥也故曰壁上土也壬寅癸卯金箔金者寅卯爲木旺之地木旺則金羸又金絕于寅胎于卯金旣無力故曰金箔金也甲辰乙巳覆燈火者辰爲食時巳爲禺中日之將中艷陽之勢光于天下故曰覆燈火也丙午丁未天河水者丙丁屬火午爲火旺之地而納音乃水水自火出非銀漢不能有也故曰

天河水也。戊申己酉大驛土者。申為坤。坤為地。酉為兌。兌為澤。戊己之土。加于坤澤之上。非其他浮薄之土也。故曰大驛土也。庚戌辛亥釵釧金者。金至戌而衰。至亥而病。金既衰病則誠柔也。故曰釵釧金也。壬子癸丑桑柘木者。子屬水。丑屬金。水方生木。金則伐之。猶桑柘木也。甲寅乙卯大溪水者。寅為東北維。卯為正東。水流正東。則其性順。而川澗池沼俱合而歸。故曰大溪水也。丙辰丁巳沙中土者。土庫辰絕巳。而天干丙丁之火。至辰冠帶。巳臨官。土既庫絕。旺火復與生之。故曰沙中土也。戊午己未天上火者。午爲火旺之地。未中之木、又復生之。火性炎上、又逢生地。故曰天上火也。庚申辛酉石榴木者。申爲七月。酉爲八月。此時木則絕矣。惟石榴之木反結實、故曰石榴木也。壬戌癸亥大海水者。水冠帶戌。臨官亥。水臨官冠帶。則力厚矣。兼亥爲江。非他水之比、故曰大海水也。